INVESTMENT TRADING SYSTEM

Upgrade Your Trading Strategy and Enlarge Profits

投资交易系统进阶之路

王韬 /著

机械工业出版社
China Machine Press

图书在版编目（CIP）数据

投资交易系统进阶之路 / 王韬著 . —北京：机械工业出版社，2017.5

ISBN 978-7-111-56718-9

I. 投… II. 王… III. 投资 – 研究 IV. F830.59

中国版本图书馆 CIP 数据核字（2017）第 074311 号

“取乎其上，得乎其中；取乎其中，得乎其下；取乎其下，则无所得矣”。股票市场，包括一切投资市场，均是零和游戏。学习炒股，就要以成为高手为目标，不能人为降低标准，“逆水行舟，不进则退”。本书详细地剖析了股市的奥秘，通过详述股市的运作规律和投资策略，使读者获得获利能力以及对股市的判断能力。为此，本书指出了一条通往成为炒股高手的交易之路，帮助读者最终成为高手。

另外，本书将与读者深入探讨资本市场“变”与“不变”的关系。市场永远处于变化之中，唯一不变的内容就是基本分析和技术分析的研究框架，比如研究国际游资的动向、四象限行情定位分析法等。本书运用了大量案例和图表，从国际游资的动向和角度，详细、清晰地分析了 A 股的行情，并用四象限行情定位分析法对市场和个股进行了定位判断分析。这些内容是分析研究行情非常重要的框架，框架是不可能发生变化的。除此之外，本书还对这个框架下的投资策略、投资方法、投资品种、投资经验等进行了具体阐述。本书传授的全部方法就是为了启迪读者，在不变的框架下，沿着这种思路，去开发更多的盲利，去创新更多的内容。这才能算是走上了高手的正道。

投资交易系统进阶之路

出版发行：机械工业出版社（北京市西城区百万庄大街 22 号 邮政编码：100037）
责任编辑：杜若佳
责任校对：李秋荣
印 刷：北京诚信伟业印刷有限公司
版 次：2017 年 11 月第 1 版第 1 次印刷
开 本：147mm×210mm 1/32
印 张：7
书 号：ISBN 978-7-111-56718-9
定 价：49.00 元

凡购本书，如有缺页、倒页、脱页，由本社发行部调换
客服热线：（010）68995261 88361066 投稿热线：（010）88379007
购书热线：（010）68326294 88379649 68995259 读者信箱：hzjg@hzbook.com

| 推荐序 |

股票投资之道，博大精深，涉及范围之广是社会其他所有行业不能够比肩的。炒股技术涉及数学、统计学、社会科学、心理学、物理学、军事理论等诸多领域的知识，不是单一学好其中某一学科就能够成功的，炒股者不但要有广博的知识，而且要有融会贯通、随机应变的能力，才能将所学的技巧行之有效地投入炒股实践中去并取得成功。

这些年我专注于投资者教育工作，也编撰了一些提高股民炒股技巧的书，得到广泛好评。我觉得，要想写出一本好书，首先作者自己必须要有广博的学识和高超的炒股技巧，同时要有当老师的基础，讲解知识必须通俗易懂、深入浅出，让初学者容易接受，这样才能写出对股民有帮助的好书，仅仅是作者自己懂但表述不清楚是不行的。

应华章公司杨福川先生的邀请，为《投资交易系统进阶之路》写几句话，深感学识浅薄，怕有负众望，但考虑到这些年我在华章公司写过几本畅销书，毕竟有一定的群众基础，本着互相学习提高的谦虚的态度，我拜读了这本炒股技术书籍，感受到作者深厚的炒股技术功底以及广博的学识。

由于作者在大型国有企业担任过证券投资方面的工作，而且时间较早，有丰富的投资经验以及投资成绩，再加上作者本人较高的专业文化学历，所以写出的内容非常贴近实战，而且读起来朗朗上口。作者曾经对A股、美股、期权、外汇以及黄金交易都有一定的涉猎与研究，这些领域都是互通互联的，作者又将这些不同领域的博弈技巧融会贯通，著成此书，博采众长，自然属于炒股者难得一见的精品。

作者根据自己成长的经历，写出的“高手之路”一章能让读者亲切地感受到“炒股高手是怎样炼成的”，“它山之石，可以攻玉”，学习高手的先进经验非常有利于自己炒股技术的提高。“由林而木”区别于“一叶障目”“只见树木不见森林”，非常具有哲理和禅意，炒股必须有的放矢而不能随意“放空枪”，只有目标单一、明确才有可能取得超额利润，这个观点立意新颖、有良好的推荐效果。

“很湿的雪”强调巴菲特降低风险、注重公司基本面研究的理念，教育炒股者要尽量杜绝赌博思想，走价值投资之路，也与现在中国股市实践的方向顺路。“定增重组介入法”一章，作者很负责地提醒“不是市场老手请勿参与”，这种因材施教的理念是一个合格导师的基本素质。

所有炒股技术的学习最后要想融会贯通，还必须归纳出炒股者自己的“降龙十八掌”，这就是“投资系统”这一章讲解的内容，让大家不能囫囵吞枣地学习，“吃多了不消化”，而是善于根据自己的特点总结出适合自己的套路，才能长期跑赢大盘！“空头的力量”一章对于缺乏做空手段的中国股民是属于前瞻性的教育，立足现在、放眼未来，指引炒股者要有很开阔的大局观！

股市里太多股民给别人讲的头头是道，到自己操作就一塌糊涂，我甚至亲耳听过一个曾经获得某个炒股大赛冠军的“投资大师”代人理财赔得一塌糊涂。而“有效执行”一章讲解的则是如何知行合一，有效地将自己所学用到实战中去。这是打造股海“老猎手”非常重要的一环！温故而知新，“全面总结”一章，作者从做学问的角度告诉大家要善于归纳总结自己的炒股经验，才能长期不断地提高自己的水平。

好书也要好人读，书写得很好，但需要读者细心地揣摩并在实战中应用才能有较好的收获，一切技术都是为了实战服务，而炒股实战又是最能检验炒股技术好坏的练兵场，如果你按照书中讲解的炒股技术反复在实战中尝试，我相信你会得到不菲的投资收益！

王　宁

| 前　言 |

2016年是“9·11”事件发生15周年。时至今日，全球仍处于暴恐威胁的状态之中。从另外一个角度来看，“9·11”事件也促使美国快速走上产业空心化的道路，迫使世界分工越来越细、跨国协作越来越广泛，从而导致国际间资本流动加快，极大地推动了全球化的进程。世界各地的经济联系越来越密切，自由贸易成为世界贸易发展的主流，全球性的市场日渐形成，科技进步，特别是信息技术的应用，把世界日益连接成一个整体，世界变得越来越平。

在这一进程之中，巨大的财富和系统性风险在不同的国家、地区和阶层之中进行了再次分配或转移。中国成为全球制造业工厂，印度成为全球软件设计等服务业的中心，而美国则成功承包了全球大多数金融产品的开发与推广，如愿推动全球全面进入资本全球化和衍生品全球化的时代。由此而来的负面影响不可忽视，尤其是自2008年次贷危机以来，民族间、国家间的利益冲突加剧，防范危机的难度加大。资本流动能力增强，投机活动无处不在，手持巨额资金的对冲基金对市场虎视眈眈，几十亿甚至上百亿美元的交易在电脑键盘上顷刻之间就能完成。

在全球急剧变化的同时，缺乏对这种变化的有效认知和历史的深层次思考仍是A股投资的普遍现象。市场充斥着焦躁、兴奋和不安，大众往往过于注重A股每天的涨幅，很难平心静气地思考当今世界格局，特别是美国、欧洲宏观经济政策对全球资本流动的影响及其对A股的作用。我们不能忘记，股市震荡才过去仅仅两年。在全球化的当今时代，我们必须直面全球资本力量对A股市场的影响，并且必须在最短时间内进化成高手，必须成功，才能最终得以生存和发展。所以，本书的核心就在于帮助你成为高手。

笔者希望，你能尽快成为高手，因为股票市场，包括一切投资市场，均是零和游戏。何为零和，即不是你死就是我亡，赚钱的永远只有一方。所以，炒股就好比逆水行舟，不进则退。如果你不能成为顶尖高手，彻底搞懂股市奥秘、运作规律和投资策略，那么就算在此时无意之中赚了一大笔钱，但如果你不知彻底退出，仍然希望以此方法获利更多，则彼时也一定会翻船。如果你能认真阅读本书，认真实践本书的投资理念，那么成为高手不再只是奢望。笔者将在本书中为你指点迷津，指出一条通往成为高手的交易之路。

本书的所有内容均围绕如何成为高手展开，略微花几分钟了解本书的行文框架，有助于你快速并最大限度地发现本书的价值。

本书的第一章是“高手之路”。古语有云，“取乎其上，得乎其中；取乎其中，得乎其下；取乎其下，则无所得矣”。学习炒股乃至其他市场的投资，就要以高手为目标，不能人为地降低标准。现在很多入市时间很长的投资者被市场宰割惯了，他们大都会有一种得过且过的心态，可是越到后来，盈利目标越降越低，甚至只图不亏损即可。然而，请你注意，想在股市长久生存下来并活得很好，就必须成为高手，必须高度重视高胜率和复利的作用，不然必定只有亏损出局的下场，非龙即虫。

第二章是“由林而木”。大多数投资者不将市场作为标的物去交易，除非是部分 ETF 品种。我们对股票进行买卖，还是必须依靠个股来实现收益。从市场到个股，我们如何由林而木，做好个股的行情分析，我们将在这一部分之中进行详细阐述。

第三章是“很湿的雪”。巴菲特曾经说过：“人生就像滚雪球，重要的是发现很湿的雪和很长的坡。”在本书的第一章，我们已经成功地解决了“很长的坡”，即复利的问题。那么，接下来在本章中，笔者将为你展示在成为高手之路上的另外一个核心问题，即如何发现“很湿的雪”，发掘那些低风险之下的高收益率投资策略。

第四章是“定增重组介入法”。在本章中你将学习如何介入定增重组类个股。因为股市很容易发生暴涨暴跌，风险巨大，不是市场老手请勿参与。请你千万不要意气用事，不要因为笔者不让你介入，你就非要参与进来较量高低。

第五章是“投资系统”。从本章开始，笔者将会帮助你建立一套投资系统，并按照此系统完成整个投资流程。笔者希望帮助你建立的这套方便可行的投资系统，无论你日后在哪个市场（A股、美股还是外汇、黄金）进行交易，均能够一以贯之。

第六章是“空头的力量”。第四象限是做空者的天堂，做多者的地狱。A股之中，做空仍然只是少有人走的路。但是做空的利润实在惊人，必须引起我们的高度关注。出于这样的考虑，在本章我们将重点学习做空的行情分析策略和资金管理策略。

第七章是“有效执行”。当我们已经对目前的市场和个股进行了认真分析，确定了“进出加减”四个关键点时，做好了何时入场、加仓、减仓、出场以及投入多少资金几个关键点的资金管理预案，那么接下来就是如何有效执行你的这些投资计划。在本章中，我们将从投资者的心理状态入手，学习如何进行有效执行。

第八章是“全面总结”。做好投资总结对于你成为高手至关重要。如果你能始终如一地做好每笔交易的记录，认真进行总结，并且不时回顾这些记录，将每笔交易的成功或者失败的经验和规律，正确地运用到下一次交易之中，那么你会发现，你将这一好习惯坚持得时间越长，你的投资结果就会越好，离高手也会越近。所以，在本章中我们将学习如何做好总结工作。

在本书之中，笔者还将与你探讨“变”与“不变”的关系。你必须理解，市场永远处于变化之中。唯一不变的内容就是基本分析和技术分析的研究框架，比如研究国际游资的动向、四象限定位分析法等。唯有这种研究框架是不变的，比如我们要从国际游资的动向和角度来分析A股的行情，要用四象限行情定位分析法来对市场和个股进行定位判断，这些内容就是分析研究行情非常重要的框架，它是不可能发生变化的。除此之外，所有的投资策略、投资方法、投资品种、投资经验都是这个框架下的内容，这些内容在不停地变化，包括本书讲授的大多数内容也都会发生变化。本书讲授的全部方法就是为了启迪你在不变的框架下，沿着这种思路，去开发更多的盲利，去创新更多的内容，唯有如此你才能算是走上了高手的正道。只要掌握了这种不变的框架，即使框架之下很多内容都在变化，你又有何惧!

当你阅读本书时，请标出重点、做好笔记，本书凝聚了笔者十余年的投资经验，想要掌握其中的精义，阅读一遍恐怕是远远不够的。当你读完本书后，相信你的投资系统和投资策略等已经得到了进一步的完善和提升。但是“纸上得来终觉浅，绝知此事要躬行”。本书所带来的启发，只有用心阅读、潜心实践的投资者，才能真正深刻地感悟到。

以是，为本书前言。

王　韬

目　录

|第一章|

高手之路

第一节 综 述

在投资这条路上，人人都渴望成为高手。何为高手？市场中有一段非常有名的股市段位水平论。它是这样定义的：

下围棋的人都知道，职业棋手有段位制，段位的高低基本反映了你的水平高低。炒股交易没有段位制，各人的水平高低如何只有自己知道。那么，怎么样才知道自己的水平高低呢？对照下面我们自己总结的段位制你大概就有个底了。

一段

你刚进入市场，对市场里的一切只不过有个大概的了解，各个合约的规定你也不太清楚，要买什么要卖什么你也没什么主意。

你的交易主要看各期货经纪公司的评论，或者听听朋友的建议，你总觉得他们说得都有道理。你的交易主要是日内的短线，赚点钱你就急着平仓，生怕到手的利润飞了；亏了你就抱着，想着总有解套的时候。

二段

你开始知道什么是主力合约，盘后就急着看持仓结构。你也知道了一些MACD、KDJ、RSI之类的技术指标，你总觉得它们有时准，有时又不准。你也关心基本面情况，今天那里天气如何？库存多了还是少了？你总是第一时间上网查查看。你的交易比较频繁，时赚时亏，但总的来说，账户是亏损的。

三段

你在市场上已经交易了一段时间，但总的来说，账户是亏损的。你觉得要在这个市场赚钱真的很难，你急着想翻本，可你不知道该怎么办。你看了一些关于交易的书，可你觉得它们说的是一回事，拿到这个市场中实际操作又不是那么回事。你觉得还是指标不够精确，于是你试着调整参数，可它们仍然是有时准有时不准。你上论坛，希望得到高手的指导。可他们也是有时准有时不准。

四段

你有过大亏或者爆仓的经历了。你知道要在这个市场上生存不能听信那些评论，于是你开始系统地学习，你把能找到的相关书籍都看了，希望能从中找到一个战胜市场的法宝。你也学习了波浪理论、江恩测市法则、混沌理论之类的理论或法则。你也知道了要顺势而为，亏损了要止损。可你搞不清这个“势”是怎么确定的，止损设在什么地方才好。你觉得要准确地知道市场何时反转真的太难了，你不相信在这个市场中有人可以赚到钱，因为聪明如你都觉得面对市场束手无策，他们怎么可能赚到钱？

五段

你开始明白要在这个市场上赚钱必须要有一套交易系统，可你对这个交易系统具体都包括哪些东西还搞不太明白。你试着将几个指标组合成你的系统，根据它们提供的信号开平仓，可它们经常相互冲突，让你搞不明白此时到底该相信哪个。你试着长线交易，可有时你搞不清到底是回调还是要反转了。你也试着就做日内短线好了，每天赚个三五百元，一年下来应该也不少了，可关键是经常今天赚了三百，明天却亏了五百。你的账户仍然是亏损的，你觉得做期货真是太难了，实在不行的话，你考虑是不是该放弃了。

六段

你开始明白在这个市场上你没法预测价格走势，你不行，别人也不行。你开始有一套自己的交易系统，你知道自己只要严守纪律，长远来看，你应该能够赚到钱。你开始用概率来考虑问题，每一次进场，知道风险和报酬的比率各是多少。错了你会止损，盈利的单子你也开始能拿得住了。你的账户时赚时亏，盈亏基本相当。有时你能按自己的系统交易，有时你不能，但你开始相信这个市场上有人可以赚到钱。你开始能够喊出好单，在论坛上你也开始成为大众关注的焦点。

七段

你开始能够稳定盈利，有自己的一整套交易系统。你已经解决了交易理念的种种问题，开始有了自己的交易哲学。对于技术性的东西你不太关心，你知道只要理念正确，即使是使用简单的移动平均线也可以稳定获利。你知道哪些是关键的点位，你可以从容地进场，虽然你看不清以后的走势到底如何。某一天，你可能先赚了五百元又亏了三百元，但你能正确地执行止损，你知道这些亏掉的钱迟早又会回来。你的心态基本平静，但偶尔面对行情的剧烈波动还是会有些起伏，特别是有单的时候。

八段

这时候，赚钱对你来说是家常便饭，就像一名驾驶老手开车一样，遇到红灯就停、绿灯就行。交易对你来说完全是无意识的。你不再需要对着图形精确地定义止损的位置，拿着笔或计算器计算着风险和报酬的比率。你完全不再关心经济数据和政治事件的好坏，因为基本面对于你来说毫无用处。

九段

这时候的你对世界经济了如指掌，你可以提前预知下一轮的经济走势。一年你只交易几次，也可能一单一拿就是几年。你很少有看盘的时候，多数时间你在打高尔夫或是在太平洋的某个小岛钓鱼。你从不和别人说起交易的事，因为你知道没人能明白。

在这个股市段位水平论中，前面有八个段位的描述，但是笔者建议，你可以忽略，重点关注第九段这一最高等级的定义描述，主要有三个方面的原因。

一是，前面八段很多内容不是非常精准，比如在第八段的描述之中，提到了一句话，即“你完全不再关心经济数据和政治事件的好坏，因为基本面对于你来说毫无用处”。熟悉《跟随主力资金获利秘籍——擒住超级大牛股之行情分析进阶》（简称《行情分析进阶》）的朋友知道，全球格局的变化、国际游资的走向对我们来说非常非常重要，所以主力资金的基本面分析不能说毫无用处，而是作用巨大。再比如每一个段位都用了一些行为方式的描述。说句实话，在没有正确掌握投资方法成为高手之前，就算你能够一一对应这些描述，直至到达第八段位，仍然无法做到持续盈利，那些描述没有任何作用。

二是，市场永远在变化发展，需要正确系统的思维方式。这种思维方式的培养，需要正确方法的指引，比如笔者在《行情分析进阶》中讲述过的基本分析和技术分析方法，目标是要做到系统思维。同时，我们需要高度注意，系统思维方式的训练非常特殊，并非像围棋、钢琴、跆拳道等活动那样，可以通过勤加练习，一步一步升级段位，直至最后总能够达到最高段位，也就是我们常说的高手。投资需要的系统思维方式，从一开始就必须正确。可以断定，如果开头正确，掌握盈利的盲利模式，最后就必定能够成为高手；而一旦开头就发生错误，就只会将你越带越远，更非多加练习、重复练习能够解决。特别是，如果不停地使用错误的思维方式来指导投资，不断地重复过去的老套路或者错误的投资策略，结果必定只有两种：一种是不断修改投资策略，另一种则是始终在赔钱。当然，也有可能会赚到一些钱，但总体的结果必然是亏损。

三是，古语有云，“取乎其上，得乎其中；取乎其中，得乎其下；取乎其下，则无所得矣”。意思很简单，就是追求高的目标，最终可能得到中等结果；追求中等目标，最终只能得到一般结果；追求一般目标，恐怕就没有什么收获了。所以，学习炒股乃至其他市场的投资，就要以成为九段这样的最高等级的高手为目标，不能人为地降低标准。现在很多入市时间很长的投资者，被市场宰割惯了，大都会有一种得过且过的心态，即以后炒股只需每月固定盈利一定金额，比如盈利 5000 元补贴生活就行，可是越到后来，其盈利目标越降越低，甚至只图不亏损即可。这种心态极为荒谬。现在都讲初心，我们投资者也必须要怀有初心。想想当年为何入市，刚刚学习炒股时，哪个不是意气风发渴望成为投资界的大神、赚大钱。请你注意，想在股市长久生存下来并活得很好，就必须成为高手，不然必定亏损出局，非龙即虫。

有朋友可能会问，笔者这种思想是否太极端了。我们必须了解，股票市场，包括一切投资市场，均是零和游戏。何为零和，不是你死就是我亡，赚钱的永远只有一方。所以，炒股就好比逆水行舟，不进则退。如果你不能成为顶尖高手，彻底搞懂股市奥秘、运作规律和投资策略，那么，就算你在此时无意之中赚了一笔大钱，如果不知彻底退出，仍然希望以此方法获利更多，则彼时也一定会翻船。这就好比很多人莫名其妙在第二象限赚了一大笔钱，但是到了第四象限和第一象限仍然照此方法长线做多，不该拿的还非要去拿，结果刚刚吃进去的利润，最后必定连自己都不知道为什么就平白无故地又全部吐出来了，甚至还会亏损更多。笔者听过一个故事，很具有代表性，在这里与大家分享。话说20世纪末，美国普遍流行员工持股计划，微软公司有一个资深的华裔员工大概分到了20万股。1999年之后，美股开始暴涨，他非常开心，天天看着股票一个劲儿地上涨。当时，市场所有的机构都在鼓吹网络经济、网络股票形势一片大好，到处都在赞歌。那名员工一看，此前的20万股天天都在给自己赚钱，于是就把自己此前辛辛苦苦赚来的200万美元全部投入进去，希望再赚一笔大钱，好早日退休。可惜好景不长，2001年之后，网络泡沫破灭，他仍然死撑、捂股，结果别说退休了，自己的家当全部砸在股市之中，被严重套牢，十几年没翻过身来。

这个故事很具有代表性。在股市中鏖战，如果你不知钱为何而来，就必定也将不知钱为何而去。笔者对此的唯一建议就是，刻苦学习，努力掌握科学的方法并持续实践。一定要成为市场高手，懂得其中的奥秘，方能跳出这种恶性循环。

当然，也要说明，我们不能简单地给高手设限，而非要给高手设定一个盈利目标，不是说赚到大钱就一定是高手。笔者告诉你，一旦成为高手，赚大钱只是时间问题。比如前段时间，有一个段子，“我们设定一个小目标，先挣它1个亿”。衡量高手的标志不单单是看他某一两次赚了多少钱，这个并不可靠。比如他可能前期投了2个亿，无意之中赶上了一波大行情，赚了1个亿，这能叫作高手吗？显然不算是。因为就如同我们刚才分析过的，他不知道这笔钱是如何赚的。如果不知道是如何赚的，不知道钱从何而来，那么，除非他即刻退市再不操作，如果还要与市场厮守，那么赚再多的钱也早晚赔完。

有一则期货市场的真实案例，因为期货市场的高杠杆性，更是说明了这个问题，非常值得我们警醒：

（南方网　2013年3月13日报道）对于武汉女子万群（化名）而言，3月11日是她人生中永难忘怀的一天。作为“武昌女期民半年内从4万元做到1450万元”这一期市神话的主角，万群所持有的最后300手豆油合约因保证金不足于当日上午被强行平仓，其账户里最终剩下的资金不到5万元，一场千万富翁的“美梦”在持续了近半个月后，终告结束。

从2007年8月下旬起，万群开始重仓介入豆油期货合约，此后两三个月，豆油主力合约0805从7800元/吨起步，一路上扬至9700元/吨。截至同年11月中旬，万群已有10倍获利。进入2008年，豆油上涨速度越来越快；2月底，豆油0805已然逼近1.4万元/吨，也就是在那时，万群的账面保证金突破了1000万元，她成为名副其实的“千万富翁”。

“她采取的是全仓操作的股票手法，用来炒期货。”知情人士透露说，万群利用期货交易浮动盈利可以开新仓的特点，全线扑入豆油期货，越涨越买。这种操作方式最大程度地利用了杠杆，可以将利润放至最大；但与此同时，风险也被放大到了顶点，一旦行情有所调整，满仓交易的万群将面临灭顶之灾。据悉，期货公司曾不止一次劝她降低仓位，但万群根本听不进去。事实上，万群之所以能够在半年内成为千万富翁，所仰仗的正是这种满仓交易，因此对她而言，这样做没有什么不对的地方。

“她的资金真正突破千万是在2月28日、29日。”知情人士告诉记者，当时正值豆油连续涨停阶段，万群账户的浮动权益在3月4日达到顶峰，最高时竟达2000多万元。不过，当天的行情出现剧烈震荡，油价在一个小时内从涨停快速滑落至跌停。在豆油从涨停到跌停的过程中，万群的账户因为保证金不足，已经被强行平去了一部分合约，但这并没有引起她的重视。

出于种种考虑，万群错过了最佳的减仓时机。3月7日和10日两天，豆油无量跌停，万群就是想平仓也平不了了，由于仓位过重，其巨大的账面盈利瞬间化为乌有。“在下跌的时候，我们都不敢给她看相关的报纸，以免刺激她。”万群的丈夫在打电话到期货公司咨询情况时告诉工作人员。

3 月 11 日上午，连续两个交易日无量跌停的豆油期货终于再打开停板。大连商品交易所豆油主力合约 0805、0809 盘中双双翻红，收盘分别下跌 0.83% 和 0.36%，但由于没有能力追加保证金，万群所持有的最后 300 手合约被强行平仓。最终，她的账户保证金只剩下了不到 5 万元。

资料来源：《南方都市报》。

我们可以来具体分析这则经典案例，非常具有代表性。首先，我们来看，万群能够在短短半年内从 4 万元赚到 1450 万元，主要受益于两个原因。一是她遇上了一轮大行情。能够捕获这么大一笔盈利，可以断定，主要还是她本人运气实在太好。二是她使用股票全仓的交易方法，因为期货交易可以使用头寸产生的浮盈进行加仓。同样地，因为这波行情一直上涨，中间没有大的回调，所以才没有爆仓亏损，而且还能在非常短的时间内由 4 万元一下子盈利到天文数字。“成也萧何，败也萧何”，最后失败也源于此，同样也是两个原因，与上述获利的两个原因可谓一一对应。一是虽然遇上了大行情，但是万群本人并不清楚行情性质，更不知晓为何盈利。从她的实际操作来看，可以断定，她的行情分析能力绝对一般，因为如果她的分析能力超群，绝对能够判断出来后续的下跌行情，从而及时平仓获利。二是满仓未能控制风险。正是因为这种满仓操作，没有严控好风险，前期赚得多，后期即使遭遇一点点波动，也会造成账面利润出现惊人萎缩。在最后被迫强行平仓时，才感到原来是白白欢喜一场。

看完上述案例，让我们继续回到对高手的分析。如果站在全息的角度，我们已经可以确定，万群绝对不是高手，她只是运气好，碰巧赚了一笔大钱，最后“灰飞烟灭”。然而，如果站在事中，你会怎么看待万群？可能刚开始你会认为，这种人半年内4万元起步，赚了1000万元，从盈利的能力而言，她绝对是高手中的高手，有很多可以借鉴的经验，说不定你还会遵循她的操作手法。但是如果你再次回到本节之中关于高手的分析，实事求是地说，你不应该再这样想。我们可以假设，就算这次她最后及时平仓获利了，拿了1000多万元走出市场。但是在这种没有搞清楚正确的操作手法和投资策略的状态下，下次仍然希望凭借往昔的操作经验，再来操作其他品种，会有什么下场？难道还会有这么好的运气，又碰上了一次大行情？绝对不会，因为“人不能两次踏进同一条河流”，更何况还是“金河”。唯一的下场基本就是亏损赔钱。所以，还是那句话，如果我们不能成为高手，掌握投资的真谛，不可能做得到永远盈利，必定就会发生亏损，甚至会亏完之前的全部盈利和本金。万群的案例就是典型案例。

那么亏损之后，有什么影响，有多可怕？巴菲特有两句非常重要的投资铁律：第一，永远不要亏损；第二，永远不要忘记第一条。这两条铁律可谓贯穿了巴菲特整个的投资生涯，是他最深刻的投资经验。为什么不能亏损，我们可以再做几道简单的数学题。如果你投入的本金是 100 元，那么亏损 10%，也就是还剩下 90 元。那么，我们需要再赚多少钱，才能回本呢？可能你会觉得，很简单啊，只用再赚 10 元就可以回本，这个涨幅比例是多少呢？ 11.11%。那么，如果亏损 20%，剩下 80 元，需要赚 20 元回本，这个涨幅比例是 25%。如果你仍然觉得这没什么，那我们继续来看几个数字。首先，将本金放大，比如放大 1 万倍到 100 万元。我们现在拥有本金 100 万元，如果亏损 30%，也就是 30 万元。我们需要回涨多少才能回本？ 30 万元，也就是需要上涨 42.86% 才能回本；我们继续来看，亏 40% 的话，亏损 40 万元，需要重新回涨 40 万元，就是上涨 66.67% 才能回本。这是什么概念？你知道，如果出现这种亏损的局面，挽回损失将非常困难。所以，如果一旦发生 40% 以上的严重亏损，而且没有改变原有的投资策略来挽回，只能越错越多。我们必须注意，如果这样的情况发生，无数的事实证明，想要完全回本非常困难，甚至基本再无可能，只能寄希望后续会有第二象限的非常大的牛市行情来解救你。如果之后亏损再次放大，那么我们继续来看下面的数字比例：亏 50%，涨 100% 回本；亏 60%，涨 150% 回本；亏 70%，涨 233.33% 回本；亏 80%，涨 400% 回本；亏 90%，涨 900% 回本。那么，如果亏损达到 100% 呢？很抱歉，只能说你跟市场永远说再见了。

所以，为什么笔者用这么大的篇幅来说明，如果我们踏上投资这条路，一定要以成为高手为目标呢？还是那句话，非龙即虫。

这是一个非常认真严肃的问题，希望能引起你的高度重视。如果我们不能成为高手，全盘掌握投资的真谛，那么犯错亏损将会在所难免。可能有人会说，亏损是投资市场必然要交的学费。笔者用上文的几道数学题告诉你，即使出现很小的亏损，也必须以后续更大的盈利比例才能回本，更别说还想实现盈利头寸。如果出现更大比例的亏损，则更难翻身，需要以更大的涨幅来挽回，而你不成熟的投资策略和方法又很难挽回盈利，甚至导致继续亏损、加速亏损。

所以，我们做投资，无论是炒股票、炒期货、炒黄金、炒外汇，等等，一切一切的目标，不是赚钱、赚小钱、赚大钱，而是首先不要出现亏损。可能你还会说，这算什么目标！笔者告诉你，不对！别看只是这样一个看起来微不足道的目标，但 99% 的投资者都做不到，唯有那不到 1% 的投资者才能管住大脑、看好指尖。他们知道哪些地方有危险，哪些地方不能去，对这些地方要绕道而行，不要出现亏损，持重投资。他们知道并不是每个行情象限都是自己的“菜”，都能为自己所把握，都值得去投资。唯有如此，这些人才是股市中真正的高手。这些投资策略也正是这些高手最高明的地方。

第二节　高手的秘密

正如上节所讲，我们希望成为高手，首先必须做到投资的无亏损。为什么投资无亏损能够成就高手，这就要需要以巴菲特为例谈谈复利的作用。

虽然笔者并非巴菲特的忠实拥趸，也并非价值投资的践行者，但是不得不说，这位老先生的很多投资箴言还是非常值得倾听和学习的。比如巴菲特谈到复利的时候，高度评价复利的作用，他是这样说的："人生就像滚雪球，重要的是发现很湿的雪和很长的坡。"这句话的正确解读就是："雪很湿"，比喻年收益率很高；而"坡很长"则比喻依靠复利增值的时间很长。巴菲特正是通过滚雪球来比喻，投资者可以依靠复利的长期作用而实现巨大财富的积累。

巴菲特早在自己30多岁的时候就明白了复利的这一极端重要性，他在1963年写给合伙人的信中说："我们的合伙基金存在的根本原因就是，要以高于平均水平的收益率来进行复利增长，而且长期资本损失的风险要比市场之中那些主要投资公司更低。"1962 ~ 1964年，在致股东的信中，巴菲特又特别提到了三个故事来说明复利的秘密。这三个故事来自汇添富基金首席投资理财师刘建位先生翻译的文章。

第一个故事：从3万美元到2万亿美元

我根据并非完全可靠的消息得知，伊莎贝拉女王当初资助哥伦布环球探险航行的投资资本大约是3万美元。大家普遍认为，这笔投资至少是一项相当成功的风险投资，但我认为，如果不考虑发现地球的另一半所带来的心理上的满足的话，我必须指出，这项交易的回报也肯定没有投资 IBM 更加赚钱。非常粗略地估算一下，如果当时把这 3 万美元投入年复合收益率为 4% 的项目，那么，到 1962 年将会累计增值到 2 万亿美元（这 2 万亿美元是真金白银而不是政府统计的数据）。这样的几何级财富增长过程表明，要想实现神话般的财富增值，要么让自己活得很长，要么让自己的钱以很高的收益率复合增长。

第二个故事：从 2 万美元到 1000 万亿美元

由于复利这件事情看起来十分无聊，这一次我将尝试转向艺术品世界，用小小的一堂课来解释复利的神奇。法国国王弗朗索瓦一世在 1540 年支付了 4000 埃居，购买了达·芬奇的画作《蒙娜丽莎》。只有万分之一的可能性，你们中的少数人才不会注意到埃居的价格波动，当时的 4000 埃居约合 2 万美元。如果弗朗索瓦一世能脚踏实地做些实实在在的投资，他（和他的受托人）能够找到一个每年税后复利收益率 6% 的投资项目，那么，到现在的 1963 年，这笔投资将会累计增值到 1000 万亿美元。我想这个故事可以终结我们家里关于购买一幅油画严格来说是不是一笔投资的争论了。

第三个故事：从 24 美元到 420 亿美元

这是一个关于曼哈顿岛印第安人的传奇故事，那个印第安人就是把这座小岛卖给（因挥霍浪费而臭名昭著的）荷属美洲新尼德兰省总督彼得·米纽伊特（Peter Minuit）。我了解到，印第安人从这笔交易中净落到手的钱约合 24 美元。付出金钱的米纽伊特得到了曼哈顿岛上 22.3 平方英里[一]的所有土地，约合 621 688 320 平方英尺[二]。按照现在可比土地销售的价格基础进行估算，我们不难做出一个相当准确的估计，合理推算出整个曼哈顿岛的土地现在（1964 年）总价值约 125 亿美元。对于那些投资新手来说，这个数据听起来会让人感觉米纽伊特总督做的这笔交易赚大了。但是，印第安人只需要能够取得每年 6.5% 的年复利收益率，就可以轻松笑到最后。按照 6.5% 的年复利收益率，他们卖岛拿到的 24 美元经过 338 年到现在（1964 年）会累计增值到约 420 亿美元，而且，只要他们努力争取每年多赚上半个百分点让年复利收益率达到 7%，338 年后的现在（1964 年）就能增值到 2050 亿美元。

如果你对前面的三个故事仍然没有直观的认识，不要紧，我们可以通过巴菲特身体力行的巨大成果来具体感悟复利的奥秘。如果你在 1965 年投资了巴菲特控股下的伯克希尔股票 1 万股，当时的股价约在 11 美元左右，也就是大概 11 万美元，那么，一直持有到 50 年之后，即 2015 年，这 1 万股的市值可以达到多少？超过 22.6 亿美元。50 年中，巴菲特创造了惊人的 2 万倍的投资回报。他依靠的什么？依靠的就是复利。复利的具体奥秘就在表 1-1 中。

㊀ 1 平方英里 = 2.59 平方千米。

㊁ 1 平方英尺 = 0.093 平方米。

表 1-1　巴菲特在 1965 ~ 1984 年的投资收益率

年份	当年的投资收益率（%）	累计投资收益率（%）	累计收益①（美元）
1965	23.80	23.80	1 238 万
1966	20.30	48.93	1 489 万
1967	11.00	65.31	1 653 万
1968	19.00	96.72	1 967 万
1969	16.20	128.69	2 286 万
1970	12.00	156.02	2 560 万
1971	16.40	198.01	2 980 万
1972	21.70	262.68	3 627 万
1973	4.70	279.72	3 797 万
1974	5.50	300.61	4 006 万
1975	21.90	388.34	4 883 万
1976	59.30	677.93	7 779 万
1977	31.90	926.08	10 261 万
1978	24.00	1 172.35	12 724 万
1979	35.70	1 626.57	17 266 万
1980	19.30	1 859.80	19 598 万
1981	31.40	2 606.58	27 066 万
1982	40.00	3 689.21	37 892 万
1983	32.30	4 913.12	50 131 万
1984	13.60	5 594.91	56 949 万

① 为了便于计算，假设 1965 年初始本金为 1000 万美元，巴菲特实际投入超过这个数字。

从表 1-1 中可以看出，在 1965 年到 1984 年的 20 年里，巴菲特投资的累计投资收益率高达 5594.91%，年化收益率是 22%，每年的投资收益都为正，但是仅有 1976 年的投资收益率超过了 50%。为了更加方便计算，笔者在这里设置了一个整数，即假设 1965 年巴菲特的初始投资资金为 1000 万美元，收益率仍然使用伯克希尔公布后的真实投资收益率。那么，我们可以详细得知，在

1971 年，也就是在仅仅 7 年之后，依靠每年 20% 左右的年化收益率，原先的 1000 万美元本金已经翻番，接近 3000 万美元。继续按照每年无亏损的收益率持续增长，在 1977 年，也就是 13 年之后，投资的收益已经增至 10 261 万美元。1965 ~ 1984 年这 20 年的时间，说长也长、说短也短，巴菲特始终坚持做到不亏损。实际上，我们可以看到，历年的投资收益率也并非那么高，多数集中在 30% 以下，甚至个别年份（比如 1973 年、1974 年）的投资收益率是个位数。即使如此，可以从 1000 万美元起步，累积到约 5.7 亿美元，这其中就是高手的秘密、复利的秘密。

我们接着来看表 1-2，即巴菲特从 1985 年到 2004 年共 20 年，加上 1965 ~ 1984 年的 20 年，40 年的累计投资收益率是 287 945.27%，年化收益率折算下来仍然大约是 22%。值得我们高度关注的是，巴菲特仅仅在 2001 年收益是负的，并且，在这 20 年之中，没有哪一年的投资收益率超过了 50%。

表 1-2　巴菲特在 1985 ~ 2004 年的投资收益率

年份	当年的投资收益率（%）	累计投资收益率（%）	累计收益（美元）
1985	48.20	8 339.86	84 399 万
1986	26.10	10 542.66	106 427 万
1987	19.50	12 717.98	128 180 万
1988	20.10	15 274.29	153 743 万
1989	44.40	22 056.07	221 561 万
1990	7.40	23 688.22	237 882 万
1991	39.60	33 068.76	331 688 万
1992	20.30	39 781.72	398 817 万
1993	14.30	45 470.50	455 705 万

（续）

年份	当年的投资收益率（%）	累计投资收益率（%）	累计收益（美元）
1994	13.90	51 790.90	518 909 万
1995	43.10	74 112.78	742 128 万
1996	31.80	97 680.65	977 807 万
1997	34.10	130 989.75	1 310 898 万
1998	48.30	194 257.80	1 943 578 万
1999	0.50	195 227.08	1 953 271 万
2000	6.50	207 918.98	2 080 190 万
2001	−6.20	195 780.58	1 958 806 万
2002	10.00	215 358.64	2 154 586 万
2003	21.00	260 583.95	2 606 840 万
2004	10.05	287 945.27	2 880 453 万

我们注意到，在表 1-2 中，1986 年的累计收益还只是约 10 亿美元，但是通过日积月累，充分发挥复利的力量，1997 年，累计收益就已经突破 100 亿美元了。接着，我们来看 2005 ~ 2014 年巴菲特的投资收益率，见表 1-3。

表 1-3　巴菲特在 2005 ~ 2014 年的投资收益率

年份	当年的投资收益率（%）	累计投资收益率（%）	累计收益（美元）
2005	6.40	306 373.77	3 064 738 万
2006	18.40	362 746.54	3 628 465 万
2007	11.00	402 648.66	4 027 487 万
2008	−9.60	367 380.16	3 674 802 万
2009	19.80	440 121.43	4 402 214 万
2010	13.00	497 350.10	4 974 501 万
2011	4.60	520 232.80	5 203 328 万
2012	14.40	595 160.72	5 952 607 万
2013	18.20	703 498.15	7 035 981 万
2014	8.30	761 896.74	7 619 967 万

依靠持续不断的复利作用，50 年之后（从 1965 年开始算起），也就是 2014 年，可以收获到约 760 亿美元。当然，你可能会怀疑，那是因为巴菲特起始资金高，动不动就是几千万美元，又有保险公司的沉淀保费资金作为保障。你可能还会说，我们自己不可能有 1000 万美元这么高的投资本金。不要紧，假如你只有很少的 1000 美元起步，而 1000 美元这应该是大多数散户入市的本金，我们同样可以按照巴菲特的投资收益率来核算，经过 50 年之后，你获得的投资收益是多少？答案是惊人的，这一收益结果很容易计算出，高达 7620 万美元，注意货币的单位是美元。按照目前的汇率，投资收益大概可以达到 4.95 亿元人民币。我们可以比较一下，如果 50 年之前我们用 1000 美元在北京买房，按照当时的汇率，大概是 2500 元人民币，可以在北京购买一套 150 平方米的房子。那么，按照目前北京最高房价每平方米 10 万元计算，收益大概为 1500 万元，远低于投资收益。

现在的社会总是那么复杂，那么急功近利。市场中的大众往往过于关注短期盈利，过于关注明星，而忽视市场之中的寿星。明星容易一闪而过，而市场中的真正高手，则始终以保持不亏损为基本目标，也唯有如此，方能充分发挥复利的效应。

那么，如果只是一次小亏损，会发生什么呢？在这 50 年之中，唯有在 2001 年和 2008 年巴菲特收获了两次负收益，而且 2001 年还是非常低的亏损，只有 6.2%。这看起来非常低的亏损，对投资收益有什么影响呢？累计收益率迅速由 2000 年的

207 918.98% 下降到 2001 年的 195 780.58%，下降幅度的绝对值高达 12 138.40%；累计收益与上一年度相比，降低了约 12 亿美元。所以，哪怕只是这样一次小小的亏损，其损失也是惊人的。

1994 年 10 月 10 日，巴菲特在内布拉斯加大学的演讲中说："复利有点像从山上往下滚雪球。最开始时雪球很小，但是往下滚的时间足够长（从我买入第一只股票至今，我的山坡有 53 年这么长），而且雪球黏得适当紧，最后雪球会很大很大。"这就是巴菲特追求复利的原因，也是他能够成为高手的唯一秘密。

第三节　高胜率的秘密

在前面两节内容之中，我们已经清楚得知成为高手就必须降低亏损发生的概率，直到能够实现不亏损，而且每年都能获取一定的复利。从巴菲特的投资经历上看，在其主要投资生涯的 50 年中，只有两次的年度收益率是负数，其他各年的收益率均为正数。也就是说，巴菲特在其投资生涯中，一直保持了非常好的胜率。那么我们不禁要问，如何行动才能实现和保持这么漂亮的高胜率？这也是笔者在本节之中需要为你解决的重大问题，因为高胜率就是我们成为高手的终极目标。

在具体展开之前，让我们再次回到本章第一节，重新回顾九段水平高手的定义，即这种高手对世界经济了如指掌，可以提前预知下一轮的经济走势。一年他只交易几次，也可能一单一拿就是几年。他很少有看盘的时候，多数时间他在打高尔夫或是在太平洋的某个小岛钓鱼。他从不和别人说起交易的事，因为他知道没人能明白。

这段对九段水平高手的描述，给我们最直接的印象就是，这群人完全是“高高在上、深居简出、不食人间烟火的神仙”，但是打高尔夫、钓鱼，目前而言对你意义不大。我们先抛开这些不切实际的享受，日后当你成为高手再来说这些。“神仙本是凡人做，只怕凡人心不坚”。让我们再次坚定成为高手的信念，来具体分析九段水平高手的定义。

第一，对下一轮经济走势了如指掌。在《行情分析进阶》一书中，笔者就非常旗帜鲜明地强调过，经济走势并不是影响市场走势的核心。你必须要看到的是，我们不将注意力放在经济走势之中。经济走势固然很重要，但作为一个高手，你应该将注意力集中在全球主力资金的动向之上。同时，在《行情分析进阶》一书的基本分析中，笔者花了相当大的篇幅来阐述主力资金的动向，我们需要以此为鉴，努力学习这种分析方法。最关键的是，我们应该站在主力的角度去看待各国家或地区企业的战略，特别是美国和欧洲企业战略重心的转移。

在这里需要指出的是，因为本章前半部分重点是以巴菲特为例进行的说明，你可能会形成惯性，以为巴菲特的全部投资策略都值得我们去学习。你可能会问，既然笔者前面提到，不能以经济走势为研究中心，那么是不是继续向巴菲特学习，以个股为研究中心？这种观点仍然不对，这还是一种非常狭隘的方法论。我们需要注意，巴菲特投资的个股都在美国股票市场。如果你也参照他的方法，以个股为中心，那请别忘记，我们投资的市场不是美股市场，而是A股市场。巴菲特说过一句非常有名的话，我们来看腾讯财经上关于他的一段采访发言（如图1-1所示）。

巴菲特：很幸运出生在美国

美股新闻 | 腾讯财经 [微博] 2013-10-23 20:04 | 我要分享

北京时间10月23日晚间消息，沃伦·巴菲特近日表示：我很早前就用了一句话来描述自己——我很幸运。我是出生在美国。成功的概率为30比1或40比1。我与生俱来就有一些幸运的基因，也恰巧出生在合适的年代。要是我出生在几千年前的话，很可能成为那些凶猛野兽的午餐，因为我即不擅长奔跑也不会爬树。

巴菲特承认自己很幸运，生逢其时、生逢其地，人的出身有很大的机会成分，但这和为人没有关系。

图1-1 巴菲特：很幸运出生在美国

这句很有名的话，道出了他成功的最大真谛：他很幸运出生在美国。不了解内情的人会误读这句话，以为巴菲特是在感谢美国的体制、制度等帮助他获得了巨大的成功。但是，如果我们打开美股市场走势图，你会发现，他的感谢是另外一层意思。他本质上感谢的是美股市场的向上走势。此话怎讲，让我们打开道琼斯工业指数历年的走势图，其中内情一目了然（如图1-2所示）。

图1-2从1970年起一直到2016年9月，完整地显示了美股40余年的市场走势情况。从图中可以非常明显地看出，除了在

2000 ~ 2008 年有过一段时间的横盘震荡之外，美股居然一直处于上涨周期。这说明什么？在正式揭晓答案之前，我们再来对比 A 股的市场走势（如图 1-3 所示），因为 A 股的创设时间较短，仅仅存在 1990 ~ 2006 年的数据，但是不要紧，它同样能说明问题。

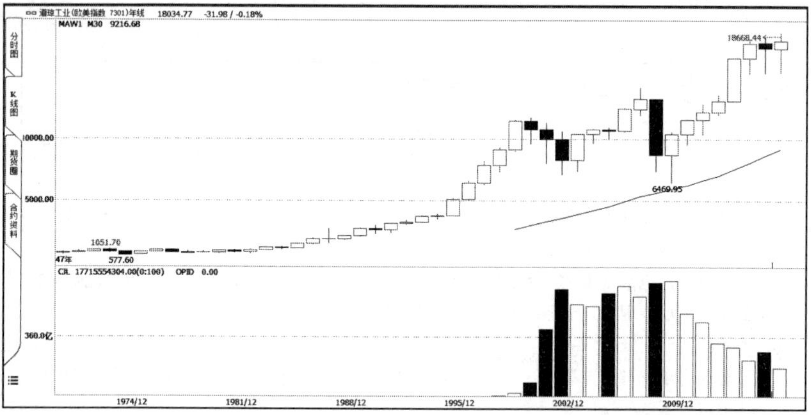

图 1-2　道琼斯工业指数年线图

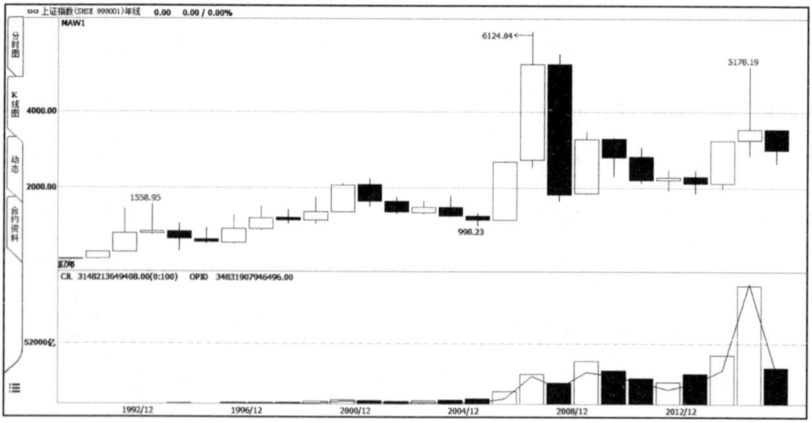

图 1-3　上证指数（A 股）年线图

我们认真对比道琼斯工业指数和上证指数，它们的区别是：道琼斯工业指数上涨趋势明显，而A股如同坐过山车，上下震荡异常明显。

两相比较，我们可以顺利得出结论。巴菲特先生幸运的地方是什么？他最大的幸运其实不仅仅在于他出生在美国，而更在于他数十年来矢志不渝地投资美股，而美股市场在整体上也不负众望，数十年一直处于持续上升通道。所以，巴菲特可以忽略市场走势，而将注意力集中在选股之上。特别是，巴菲特还可以利用美股市场的回调进行加仓。这就是他说的："在别人恐惧的时候，应该贪婪。"为什么？因为巴菲特深切地知道，某个时点下跌的美股市场，在不长的时间之后，还会继续上涨回去，甚至还会加速上涨。那么，美股市场中的任何回调，都是他捡漏的大好时机，再加上他通过控股不同的保险公司，拥有巨大的备付金可以投资，更是如虎添翼。但是对于A股，你能这样做吗？忽略A股市场的整体趋势，而只关注个股？A股的特征是什么？非常明显的震荡。如果你忽略这样的趋势，而企图同样依靠个股取胜，唯一的下场就是只能在最后被市场震荡下跌拖下水，被严重套牢。

所以，这就是为什么笔者一再苦口婆心地提醒你，投资A股市场，一定要多关注全球主力资金的动向。回到《行情分析进阶》一书，在其中的美元指数和美债收益率章节，笔者已经非常详尽地分析了美国如何通过释放美元与回流美元，牵动全球主力资金的走向。说一千、道一万，全球主力资金直接或者间接受到美国的巨大影响，所以我们看到，不管美国经济如何、总统是谁，美股或多或少能够受到全球主力资金的优待，持续上涨数十年。那么，在如此确定性上涨的趋势行情中，既然买的方向已经确定，剩下的就只是买什么的问题了，所以巴菲特所做的研究将重点放在了个股上面，优中选优。A 股并非像美股这般好命，二十余年一直在上下震荡，如果我们再将注意力放在个股上面，而忽视了整体市场，那么就是本末倒置。所以，我们才需要换个思路，先来研究市场是否或者何时受到全球主力资金的关照。这些主力资金到来之后，我们再来进一步在市场之中选择值得投资的个股，方为适合 A 股投资的一剂良方。

这样，我们就可以明白，原有的标题说的不对。在这里，笔者将这部分的小标题进行了小小的修改，即“作为高手的第一个要求：高手必须对主力资金的动向了如指掌”。这不仅是我们投资 A 股的首要宗旨，也是我们日后走出国门，在全球市场进行交易的前提。所以，对此不可小觑，必须掌握。

第二,一年只交易几次，一单可能交易的时间很长。这个定义实际上是接着第一个定义来说的。在第一个定义中我们谈到，必须对主力资金的动向了如指掌。这是我们进行投资的前提条件，只有对主力资金的动向弄清楚了，才能进行下一步的投资。其含义就是，要对投资机会进行甄别。什么时候才有投资机会，那就是要等到全球的主力资金进入 A 股。如果这些主力资金没有进入 A 股，我们就需要谨慎，最多轻仓做一些短线。这就是我们对投资机会进行甄别的描述，持重迎战，有选择地去投资，而不是脑门一热，就做出投资决策，轻易去交易。高手非常清楚，并不是市场中的每次投资机会都是自己的，也并非每笔投资都能为自己所把握。为什么很多人说，自己投资前，既制订了交易计划，又制订了交易规则，最后还会失败。败就败在没有有效地进行投资机会甄别，明明市场还没有进入第二象限，还在第一象限震荡期，非要去做长线投资；明明市场已经在第三象限高位了，还要重仓做多操作；明明市场已经到了第四象限，还要去做多，投资方向都弄错了。这些错误的举措，归根结底是因为缺乏对全球主力资金的动向进行正确判断，继而对A股市场的位置和方向判断错误。

那么，接下来你也可能会问，笔者这么重视A股市场的走势，是不是故意忽略个股的重要性呢？这个问题同样需要辩证地去看。笔者一再强调，A股不同于美股，如果在美股做长线，即使闭上眼睛，美股市场走势也会上涨，或者下跌之后还会上涨回去。对于A股而言，多数时候的走势是上下震荡、混沌无解的，所以我们投资A股市场，就要比投资美股市场更加注意市场象限的定位。相对而言，这是我们首要考虑的因素，市场定位要重于个股选择，但是不是由此而忽略个股呢？并非如此。比如，在市场进入第二象限之后，“猪都会飞”，但是“猪毕竟是猪，飞的高度也有限”。这就好比，一般而言，没有题材的ST股在大行情到来的第二象限，最多只有不到2倍的涨幅；而一些质地优良，同时具备重大题材的个股，在整个第二象限的涨幅甚至超过5倍。这种情况比比皆是。

所以，总结起来，在A股之中，笔者强调的高手投资模式就是，先依靠对全球主力资金走势的判别，对A股市场走势进行定位分析。这就好比我们手上拿了一个GPS导航器来搞清楚现在市场到底处于什么象限。然后根据客观的象限定位，对投资机会进行甄别。一旦出现能够把握的投资机会，才下定决心勇敢出手。除此之外，就是八个字的建议：远离市场，作壁上观。

这里还必须说明另外一种情况，即投资者常犯的一种错误，叫作“强扭的瓜不甜”。当我们错失了一个大行情，比如目前的行情已经进入第三象限高位筑顶，这个时候你才积攒了一笔资金准备入市进行操作。你看到隔壁的张三、李四、王五，已经赚得盆满钵满，你眼红，不能自已，也要强行入市企图赚一笔更大的。贪婪遮住了你的双眼，最好的入市时机已经过去，市场即将进入第四象限暴跌，几乎全部的个股都在高位摇摇欲坠，随时就会暴跌。然而，你还想入市做多，这个过程必然发生亏损，而且将整个投资系统变得异常复杂。同时，因为无法盈利，你可能还会怀疑你的投资方法，从而不断改弦更张。这就叫作欲盖弥彰，非要去捕捉已经不存在的机会，瞎做、乱做。

所以，在这里可以得出结论，原有的标题仍然说的不对。笔者对于部分的小标题再次改变一下，作为对高手的第二个要求：多数的时间都在观察，甄别最好的投资机会，利用基本分析和技术分析的方法，确定每个象限最好的投资机会，要么不出手、出手必重拳!

第三，他从不和别人说起交易的事，因为他知道没人能明白。只有这句话，才得到了笔者的深刻赞同。市场之中喋喋不休的人实在太多，而且很多都是失败者，因为只有失败者才会永远停留在失败的回忆之中，絮絮叨叨。在市场之中炫耀自己成功战绩的投资者，也不会持续太久，因为所有的人都等着看他的笑话，等着落井下石。市场也是江湖，江湖的特性在金庸大师的很多著作之中都有所反映，没办法，这就是人性。同时，爱炫耀的投资者总是想着荣耀，想着做常胜将军，以致不断投入，妄想战无不胜，到头来就会输得精光。

高手往往都是孤独的，他们特立独行，独来独往，从不与市场之中的失败者和炫耀者为伍。无论是在国内还是在国外，高手们往往遵循着中国最传统的礼仪——低调慎行，一心专注于自己的事业，做好自己的功课。在这里要记住，高手从来不与人分享投资的快乐，也从不公开责备市场。有些人一开口说什么，笔者就能判断出他是否具备高手的潜质。高手从来不问别人是如何看待行情的，因为高手们知道，别人如何看待行情，都是别人的投资、别人的策略、别人的判断。最关键的是，即使到最后，有人告诉我们他是如何看待行情的，但具体反应到执行层面，也都只是别人的投资系统，我们还是无法拿来运用，因为你并不清楚别人投资系统的“进出加减”四个核心点在什么地方。所以，到头来只是竹篮打水——一场空。同时，如果别人对行情的判断与我们一致还好说，如果不一致，还会混淆自己的判断。所以，高手从来不会跟别人去讨论行情，他只在市场之中体悟自己的投资策略和投资哲学，因为他知道，别人的永远是别人的。如果想把别人的方法拿来有效使用，就要在市场之中持续不断地体悟，形成最适合自己的投资系统。这样才能取得持续和必然的成功。除此之外，别无他法。说到这里，你对于本书的使用，同样也要采用这种学习实践方法。归根结底是因为，投资的本质是一种实践性的事情，而非认知性的事情。什么叫作认知性的事情，就像我们上学学到的一是一、二是二，所有的学习内容都可以以固定的形式从老师传递给我们，在认知传递的过程之中，事情没有任何变化。而实践性的事情是什么？笔者一再强调，市场一直处于变化发展之中，只有四象限等是确定性的，我们需要通过这种确定性的事情来引申把握不确定性的事情。这才叫作实践，也就是由一可以生二，由二可以生三。这与认知性的事情相比是最大的区别。如果你还没有完全读懂这一段，那么希望你将本段做好标记，努力体悟。这是本书中最关键的一段提示。

从目前投资市场情况上看，多说话或者与人争执不休无疑是最不可取的策略，很有可能你原先本来正确的投资观点，在不明真理的“吃瓜群众”听来就变成了奇谈怪论，你本人也可能会迅速成为众矢之的。或者，在争来争去之中，无形地受到他人错误的影响，无法坚持己见。为什么很多大投资家甚至不接受采访，不谈论自己的投资策略，不与人争论，甚至远离城市、远离交易所、远离大众。你可以看到，巴菲特几十年都住在内布拉斯加州奥马哈的小镇子里。他为什么没有搬到纽约、洛杉矶或者波士顿？他为什么数十年从来每年只有一封致股东的信，其他的话一概三缄其口，冷眼看风云，静心观世界？这其中蕴含的道理，不言而喻。

所以，在这里，再完善作为对高手的第三个要求：不与他人争论不休，不炫耀自己。与其争论或炫耀自己，引起别人的“羡慕嫉妒恨”，不如转而退避三舍，无任何外界压力的专心做好自己的事，偷偷数钱自己乐吧！

第四节 高报酬率的秘密

当我们醉心于实现高胜率的目标时，笔者不得不提醒你另外一个问题，就是高胜率与高报酬率天生存在冲突，两者互为悖论。从时间上看，两者根本不可能同时实现，即实现高胜率的同时，我们不可能收获高报酬率，“鱼和熊掌不可兼得”。为了验证这一结论，我们可以先通过图 1-4 更加形象地了解巴菲特 50 年来各年的投资收益率分布情况。

如图 1-4 所示，巴菲特 50 年的投资经历，仅有 2001 年和 2008 年收益率为负数，其他均为正收益率，并且仅有 1976 年收益率超过 50%。其中收益率集中在 10% ~ 20% 区间的分布最多，高达 17 次。巴菲特不愧为“股神”，其中有 12 次当年收益率超过 30%，集中在 30% ~ 50% 的区间内。整体而言，我们可以统计出来，50

年的年均回报率并不高，仅仅为 21.97%。你可以倒吸一口凉气，原来也就 20% 左右。

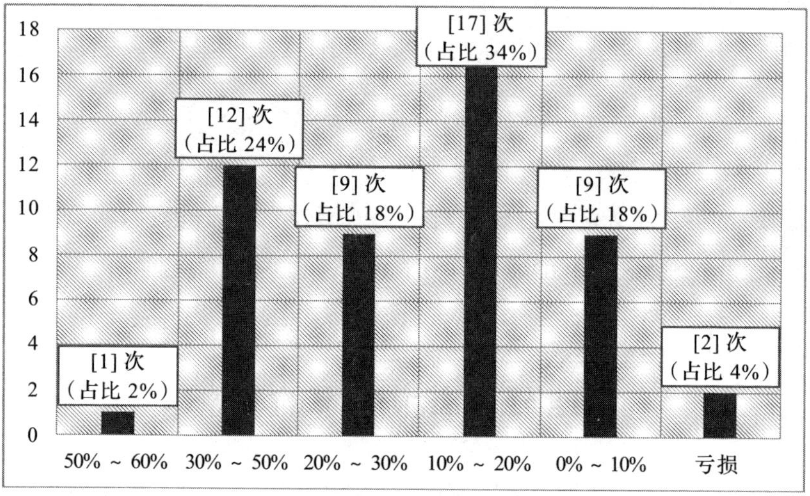

图 1-4　巴菲特每年的投资收益率分布情况

可能你会说，原来这样的目标也很好实现，只要连续投资 50 年，每年的投资收益率不用太高，仅仅为 20% 就能够成为全球第一。你可能会得出这样的结论，即通过低风险的投资，并通过足够的时间周期，普通人也能从不算大的投资本金，通过神奇的复利成为世界巨富。

必须注意的是，我们接下来就要问到这样一个问题：为什么从理论上看，20% 的年化收益率貌似容易做到。但是，别看就是这么简单的一个数据，从公开报道上看，能够做到年化收益率达到 20% 并年年坚持实现这一目标的，全世界只有不超过五人。这又是为什么？

第一，笔者在前文之中解释过，一旦有一年亏损，哪怕即使是非常小的个位数亏损，也会对整个年化收益率产生严重影响，拖后腿的作用十分明显。第二，不要以为这20%的年均收益率是你自己完全能够控制的。实际上你忽略了一点，看起来貌似简单的事情往往操作起来更加困难。这就好比，你拿100元赚20元很容易，但是把这100元的资金放大1万倍，即100万元，你再想同样赚取20%，已经是有一点儿难度了。如果再把这一数字放大到100亿元，你仍然想同样赚取20%，绝对是难上加难。

我们证明过，高手的最佳策略是追求高胜率，即首先不要出现亏损。那么核心问题就来了，我们如何在追求高胜率的同时，追求盈利？在本章的第三节之中，笔者给出了第一个解决措施，就是甄别最佳的投资机会，追求质量而非数量，把握胜率最大的行情。那么，接着我们必须搞清楚，高风险带来高收益，高收益可能伴随着高风险。如果我们希望降低亏损率，提高胜率，应该怎么办？不要去操作容易带来亏损的高风险行情，虽然这些高风险行情可能未来实现的收益很高，但是我们也要明白由此带来的亏损风险也非常之高。为了整体上实现我们期望的复利效应，任何太高的风险我们都必须坚决回避，而应转身操作低风险的行情。在这里我们必须注意到，笔者反复提醒过你，低风险未必只是低收益。比如，笔者在《行情分析进阶》一书中多次提到，如果我们追随全球市场主力资金，操作搭便车行情，绝对是低风险的高收益投资策略。当然从搭便车这个角度而言，搭谁的便车也是一种投资机会的甄别。对A股而言，从目前情况来看，一般7年左右会有一波大的牛市行情，如果我们能够平心静气，降伏其心，做到“不见兔子不撒鹰”，就算是前面等待的几年没有收益，以存款保本为主，等到牛市一来，至少也能赚5倍，实现10倍收益也极有可能。这样算下来，因为前面几年你都没有盈利，所以其实年化收益率可能也并不算高，只有30%左右，但是从纸面上看，却达到了年年实现正收益的目标，也算是一种高胜率。如果你寄希望于年年投资，年年都能实现实打实的正收益，甚至高收益，这在A股这种上下震荡的行情之中，很多时候并不现实，也不具备实现的条件。如果我们换个角度，依靠笔者推荐的搭便车操纵策略，是不是就会容易很多！笔者深深地感觉到，只有这种策略才是最适合A股投资者的方案，也唯有如此才能够最大限度地实现不亏损、高胜率。

那么，如何追随全球市场主力资金，笔者已经在《行情分析进阶》一书之中进行了非常详尽地说明，在此处也就不再赘言。只是在本节最后，再次提醒你，投资永远是脑与脑的对抗，投资的本质是一种创新。齐白石曾经说过：“学我者生，似我者死。”希望你能首先从笔者这里借鉴学习，开拓投资的视野和方法，然后，研究提炼出更多的低风险高收益投资策略，方是高手的正途。

第二章 由林而木

第一节　综　　述

在《行情分析进阶》的技术分析中，我们一直使用的是市场走势（即大盘行情）为大家进行四个象限的行情定位分析。从笔者的重视程度来看，想必你应该能够感知市场走势的巨大作用。这主要有两个原因。一是市场不可能被简单游资操纵，出现骗钱的情况。因为A股体量较大，如果没有很大的国际游资并动用杠杆资金，是不可能撼动市场的，但是请注意，个股例外。二是我们分析主力资金的踪迹，只能跟踪到市场这个环节，再往下延伸到个股跟踪，在目前的情况下还没有可利用的数据，所以具体到个股基本不可能。

那么，这就产生了一个问题亟待我们解决！因为大多数投资者不将市场作为标的物去交易，但部分 ETF 品种除外。我们对股票进行买卖，还是必须依靠个股来实现收益。从市场到个股，如何由林而木，做好个股的行情分析，将是这一部分中，我们要进行完善的基本内容。

在分析个股时，你仍然需要使用与分析市场相同的标准。必须注意的是，应用在个股方面，我们无法使用笔者创设的基本分析方法，即使用多重指标判断全球主力资金或者说是全球游资是否已经进入某一只个股。虽说这种方法只能具体到市场层面，再往下延伸到个股很难办到，不过这种方法可以变通，具体的操作步骤有以下几步。

第一，通过基本分析和技术分析方法判断市场进入何种象限。比如，如果我们已经确定市场正在步入第二象限，那么我们就可以将注意力重点集中在个股层面，寻找具备暴涨潜力的个股。

第二，在已经明确市场定位之后，我们可以将技术分析方法（即“四象限行情分析方法”）直接应用在个股上。在这其中，市场和个股分析必须相互结合。比如，如果市场刚刚进入第二象限，这时候你通过技术图形发现了某只非常不错的个股，而且它又具备相关重大题材，那么就可以判断这只个股后期将会有非常大的暴涨概率。同样，当市场已经处于第三象限末期，这个时候就不能操作任何个股，因为已经错过了做多的最佳入场点。当然，这种方法也可以通过另外一种方法进行确认。有的时候，我们可以比较与该股同属于一个行业的其他龙头股票，通过比较它们的涨幅情况，可以更进一步确认我们采取的投资策略是否明智。

第三，必须提醒你的是，不要故作聪明。要深知这个市场聪明人太多太多，最后往往输得最惨的人，就是那些自诩最聪明的人。市场永远是客观公正的，不要在个股处于第四象限时还妄图暴涨。千万不要尝试通过市场来证明你的小聪明，甚至来证明你是股市天才。笔者游历股市十几年，见过的高手从来不承认自己是高手或者是聪明人，更别说自己是什么天才。实践证明，市场的高手从来不是天才，高手是1%的聪明加上99%的汗水，加上10倍用功的实践体悟，再加上正确的方法，依靠自己本身100%的善良。最好还有一个好师父，或者有一本好书，引导你体悟股市哲学和生存法则。高手基本都是这样炼成的。最令人惊奇的是，如果你熟知金庸的著作，你会发现，投资市场中的高手与金庸笔下的高手，性格禀赋和传奇经历基本可以归为同一种类型。没错，事实就是这样。

第二节 典型个股的四象限行情定位分析法

首先，我们还是回到《行情分析进阶》一书为大家介绍过的，四象限行情定位分析法的基本情况，具体内容如图2-1所示。

一般而言，市场中的每一轮行情都可以被完整划分为上述四个象限（如图2-1所示）。我们来进行具体阐述。第一种形态（第一象限），底部横盘阶段，这个时候的股价K线随着MA30上下波动。注意，在所有的技术形态之中，如果没有特别说明，笔者均使用的是周线图。从技术图形上看，底部横盘之后，K 线正式突破 MA30，进入第二种形态（第二象限），K 线会随着 MA30 进入活跃期，突破原有的阻力区，开始是小步攀升，逐步开始加速上涨。在第二象限暴涨之后，就进入了第三种形态（第三象限）。这一形态中的 K 线有时会在高位徘徊，价格摇摇欲坠，上下剧烈波动；有时则直接暴跌。一旦 K 线跌破 MA30，就开始进入暴跌之旅。这时候就是第四种形态（第四象限），股市开始加速下跌。当然，必须再次说明的是，判断市场的四象限定位，除了上述技术图形，还必须结合基本分析，具体请参见《行情分析进阶》一书基本分析篇章。

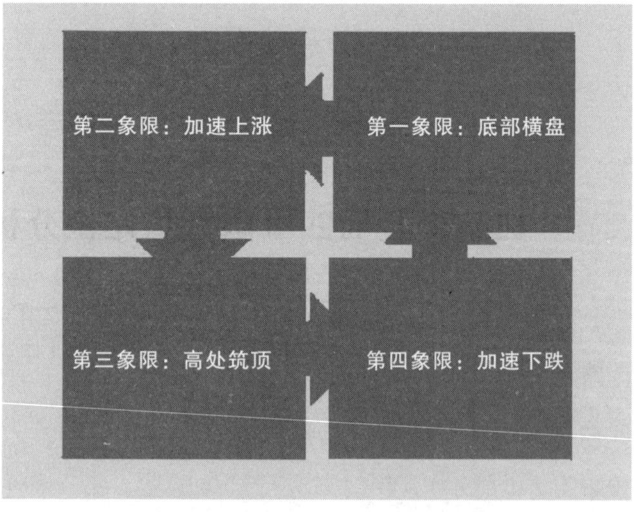

图 2-1　四象限行情定位分析法

依照这个特征，笔者使用市场走势，并以最近的一次完整行情为例进行了说明，也就是2014年至今的这次大行情，非常形象（如图2-2所示）。

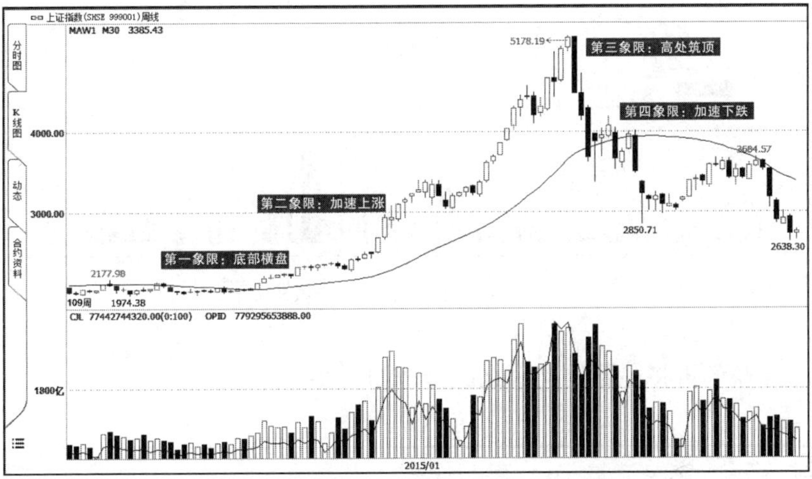

图2-2 市场的四象限行情定位图

按照市场走势的四象限行情定位分析法，我们同样可以直接应用在个股之中。比如，我们随便选取几只个股，就以上交所的前两只个股，白云机场（600004）以及武钢股份（600005）为例进行分析，两只个股的走势如同教科书一样完美。请你先观察图2-3白云机场的走势图。

如图2-3所示，白云机场走出了非常完美的四个象限，通过运用MA30对个股走势的定位，我们能够对白云机场目前所处阶段和日后走势做出相当精准的判断。请你注意，目前K线已经突破

MA30，说明白云机场的走势已经企稳向好，进入第一象限。

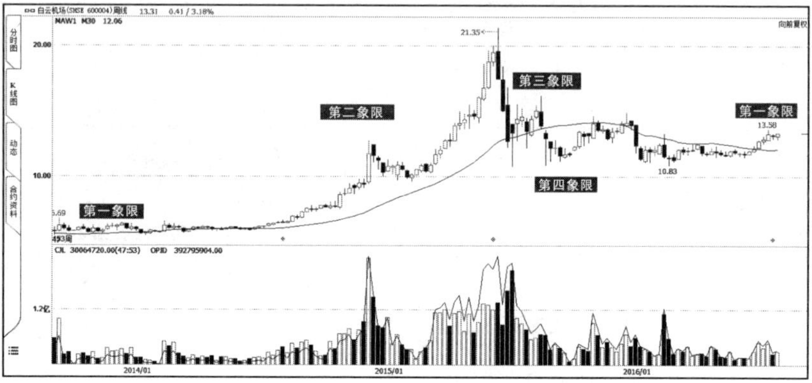

图 2-3　白云机场走势图

我们再将视野转向武钢股份，如图 2-4 所示。

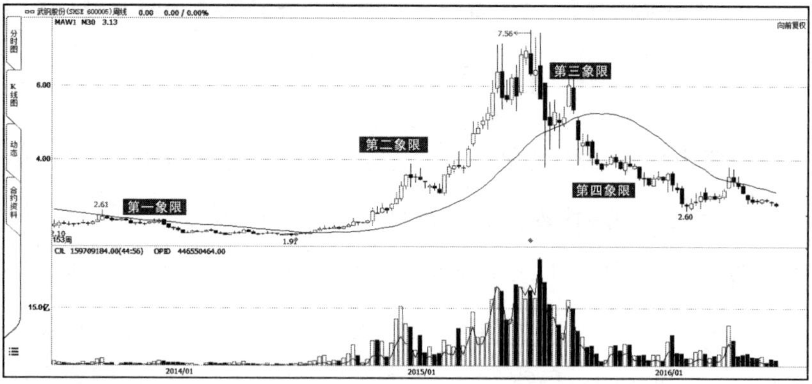

图 2-4　武钢股份走势图

从图 2-4 可以看出，即使是已经进入过剩行业的钢铁股，在 2014 年进入第二象限之后，走势仍然惊人，从 2 元附近启动，最高价高达 7.56 元，涨幅也接近 3 倍。当然，如果你一直没有平仓离场的话，只能跟随个股进入第四象限，最低价 2.60 元，同启动点价格相比，相当于打了个平手。还有一点非常重要，提醒你需注意。从 2016 年 8 月的走势来看，从图 2-3 可知，白云机场的 K 线走势已经突破 MA30，而武钢股份同期 K 线走势仍然趋势向下，何时能够进入第一象限尚待时日。

A 股市场多数的个股走势如同这两种经典的个股走势，请你对照该方法，对其他个股逐一进行认真分析，必将增强盘感，使你获益良多。笔者之前向你强调过，投资实际上不是一种认知性的事情，而如果你能坚持天天复盘，按照要求认真分析，体悟心得，也是增强实践的一种非常好的方式。这必将缩短成为高手的时间。

第三节　非典型个股的四象限行情定位分析法

在上一节的两个经典个股的四象限行情定位分析完之后，如果想成为高手，除了掌握必备的经典图形之外，我们还必须了解一些其他的混沌类的图形、不那么规律的图形，以增强自身对于全部情况的理解、掌握和综合运用。

特别提醒你注意的是，要关注部分强势股的长期走势。这种走势往往出乎我们的意料，存在太多缺乏规律的混沌，但是依然也都逃不出四象限的定义范畴。首先，我们来回顾 2010 年大牛股广晟有色（600259）的走势情况（如图 2-5 所示）。

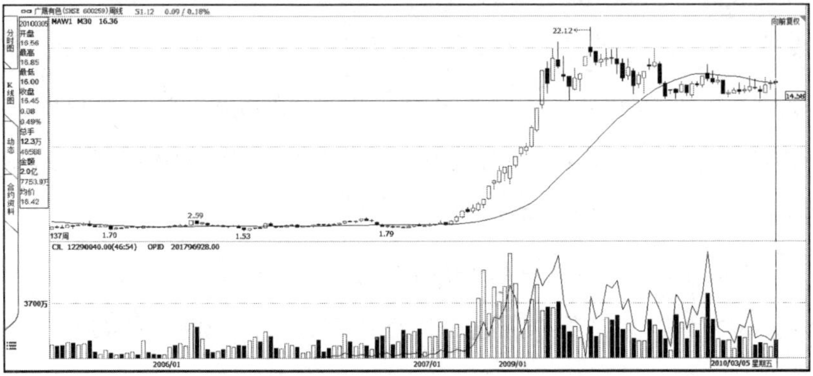

图 2-5　广晟有色在 2010 年 3 月 5 日当周的走势情况

如图 2-5 所示，十字光标处，在 2010 年 3 月 5 日当周我们可以发现，此时 K 线已经跌破 MA30 进入第四象限。必须注意的是，这一类前期暴涨的个股，虽然已经进入第四象限，但并非如其他个股在第四象限一样一路暴跌，广晟有色的 K 线走势居然是在第四象限一路横盘。甚至可以看出，在 2010 年 3 月 5 日当周，K 线居然还有上穿 MA30 的趋势。那么，接下来，我们就要问了，到底 K 线是会继续下挫，还是有翻盘上涨的可能？

如图 2-6 所示的十字光标处，令我们诧异的是，广晟有色的 K 线走势在短暂经历第四象限的横盘之后，再次成功上穿 MA30，正式进入第二象限，之后一路暴涨拉升，最高峰值达到了 101.37 元。我们有理由确认，这样一类个股在第四象限的横盘，实际上与第一象限进行了重合，为后续第二象限的再次暴涨积蓄了力量。

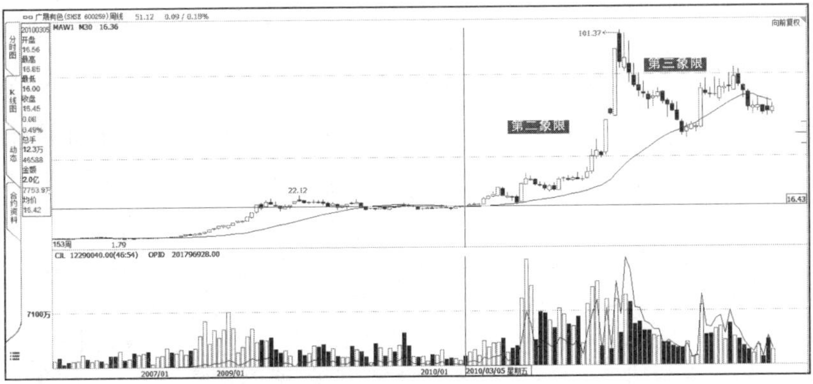

图 2-6　广晟有色在 2010 年 3 月 5 日以后的走势情况

我们再来看一则案例，同样是 2010 年大牛股之一的成飞集成（002190）的走势情况。

如图 2-7 所示的十字光标处，在 2010 年 5 月 14 日当周，我们有理由相信，此时成飞集成的 K 线已经跌破了 MA30，进入第四象限下跌周期。我们再来继续分析之后的走势，同样令人大跌眼镜。

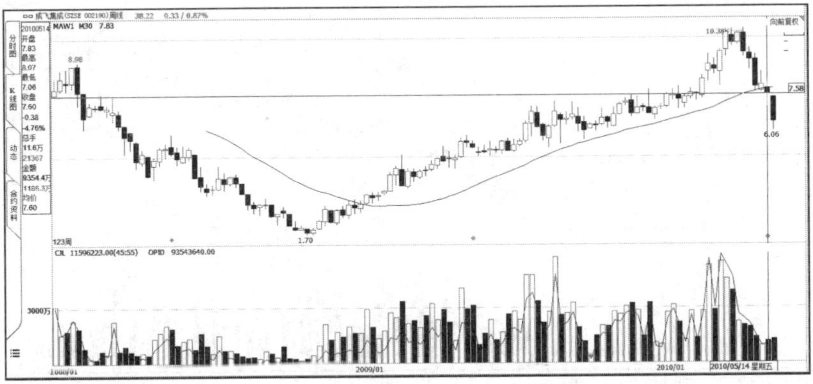

图 2-7　成飞集成在 2010 年 5 月 14 日当周的走势情况

如图 2-8 所示，成飞集成在短暂下跌至局部最低点 6.06 之后，横盘数周，一路暴拉至最高点 39.79 元。这中间发生了什么？如果我们再次放大局部的细节，中间隐藏的规律一目了然，请你重点关注图 2-9，成飞集成在第四象限的局部放大图。

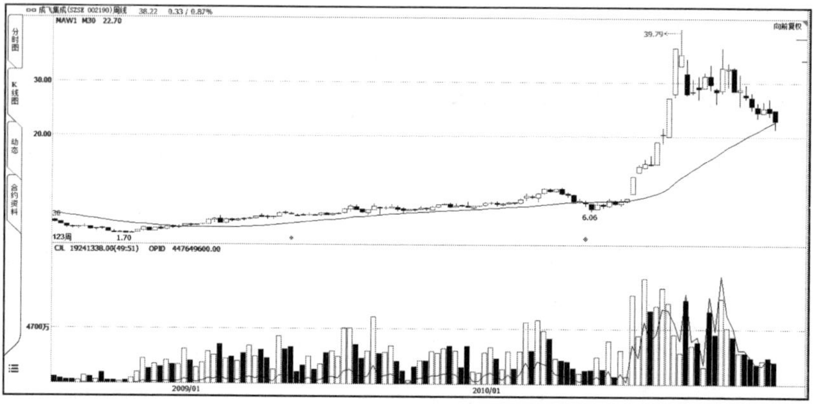

图 2-8　成飞集成在 2010 年 5 月 14 日以后的走势情况

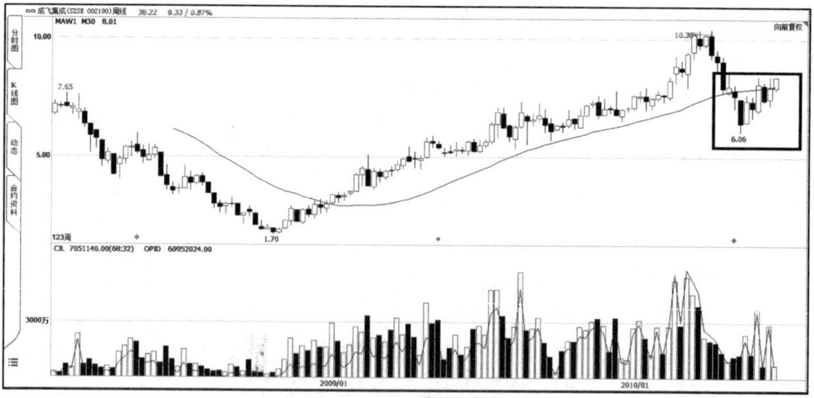

图 2-9　成飞集成 K 线走势放大图

从图 2-9 方框处可知，很明显，K 线在跌破 MA30 到达低点 6.06 之后，没有继续下挫，而是沿着 MA30 横盘运动，继而多次试图上穿 MA30，再之后就是我们很清楚的，进入第二象限开始暴涨。这一现象亦能说明，成飞集成的第四象限同样与第一象限进行了重合，在时间上非常短暂，之后 K 线成功进入第二象限开始暴涨。

从市场的走势来看，如图 2-10 所示，2010 年 3 月 5 日之后，市场经历过非常短暂的横盘，到达相对高点 3181.66 点之后，跌破 MA30 进入第四象限，到达相对低点 2319.74 点，下跌幅度有 800 余点。如图 2-6、图 2-8 所示，广晟有色和成飞集成居然走出了独立上涨行情。所以，我们可以由此推断出这样一个结论，已经跌入第四象限的个股，如果一直在第四象限横盘，那么再有其相关重大题材的配合，就必定能够再次冲入新的第二象限，实现新一轮的飞跃。比如 2010 年 5 月 19 日，ST 有色成功摘帽，更名为广晟有色。之后，广晟有色就开始一路暴涨。再比如 2010 年 7 月 6 日，成飞集成发布公司公告称，拟不低于 9.70 元 / 股定向发行 1.06 亿股，募资不超过 10.2 亿元增资中航锂电（洛阳）有限公司建设锂离子动力电池项目。受此刺激，该股以连续涨停方式踏上“妖股之旅”。

在这里，我们首次谈到重大题材的问题，请你不用着急，这是本书将着重解决的一个非常重要的问题。此处重大题材的问题只是一个简要的铺垫，笔者将在后文进行详述。

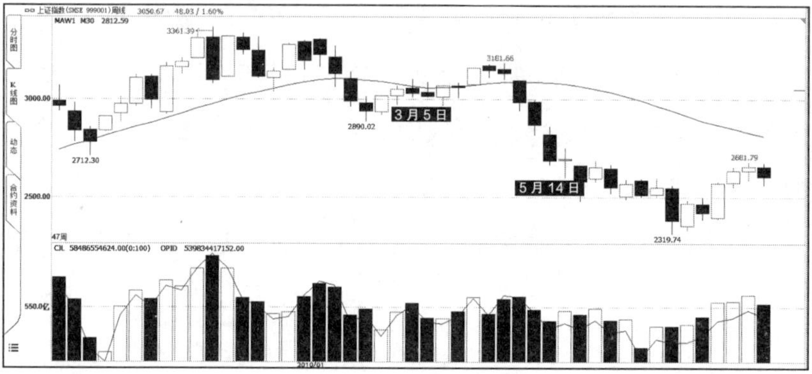

图 2-10　市场在 2010 年 3 月 5 日和 5 月 14 日之后的走势情况

接下来，我们依据上述结论，以 2015 年暴涨的三只个股为例进行分析。龙生股份（002625）、沙钢股份（002075）和江苏三友（现名美年健康（002044））三只股票可谓妖股中的妖股，其走势非常奇特，值得我们认真分析思考。

第一只，龙生股份（002625）。这只个股前期涨幅惊人，2015 年 3 月，从 8 元附近开始暴涨，短短 3 个月的时间，到 2015 年 6 月 5 日当周，最高价已经接近 120 元。

如图 2-11 所示，K 线跌破 MA30 进入第四象限，之后的走势相当特别，特别是 2016 年中期的走势值得我们关注。K 线长期围绕 MA30，走出了史上非常长的一段第四象限，高位横盘震荡。我们可以断定，此处第四象限和第一象限高度重合。虽然日后能否走出较大行情目前还不见分晓，但是妖股就是妖股，股性一般都会很好。对于这样的暴涨个股，如果后续 K 线走势持续横盘，那么一旦再次出现重大题材，暴涨的可能性就非常之高。

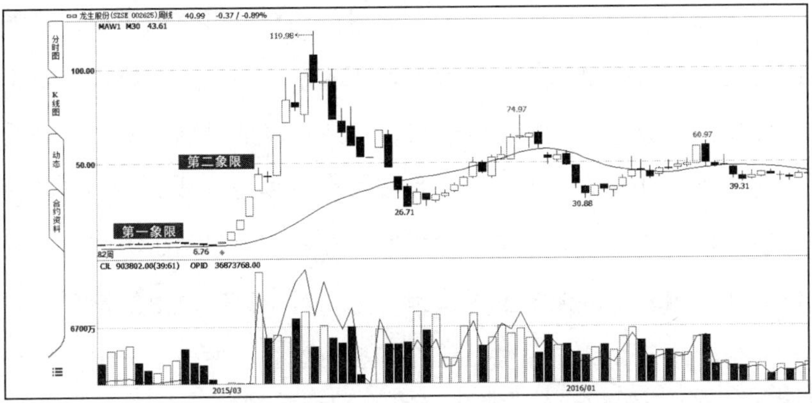

图 2-11　龙生股份 2016 年 8 月走势图

我们再来看第二只，沙钢股份（002075），同样是一只很妖的股票，具体内容如图 2-12 所示。

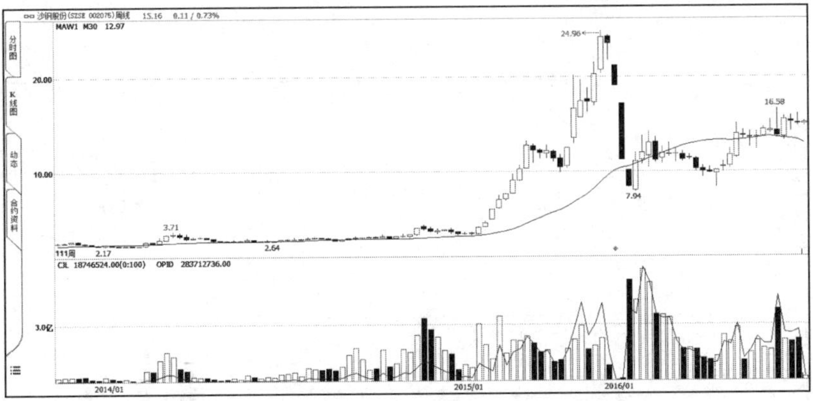

图 2-12　沙钢股份 2016 年 8 月走势图

我们主要关注的有两点。一是沙钢股份的见顶时间是 2015 年 6 月 19 日当周，与市场的见顶时间基本一致。这点意义明显，说明对于暴涨个股而言，市场的见顶时间同样值得我们重视，不能因为是妖股，就以为其一直会暴涨下去，不会见顶。所以，对于这类暴涨个股，其见顶时间仍可以参考市场的见顶时间。二是我们注意观察 2016 年 8 月的走势情况。在图 2-12 之中，我们推断沙钢股份日后的走势会不会同龙生股份在第四象限的走势类似？谁也无法预测未来，但笔者再次提醒你，对于第四象限的情况，一定要耐心等待 K 线的走势，千万不要贸然介入做多，一定要等待其基本面出现重大题材，综合考虑后再做决策。

请再来看美年健康（002044），以前叫江苏三友。美年健康通过江苏三友借壳上市后，江苏三友就正式退出历史舞台了。好在行情都是连续的，没有断裂，我们仍然可以进行分析，如图 2-13 所示。

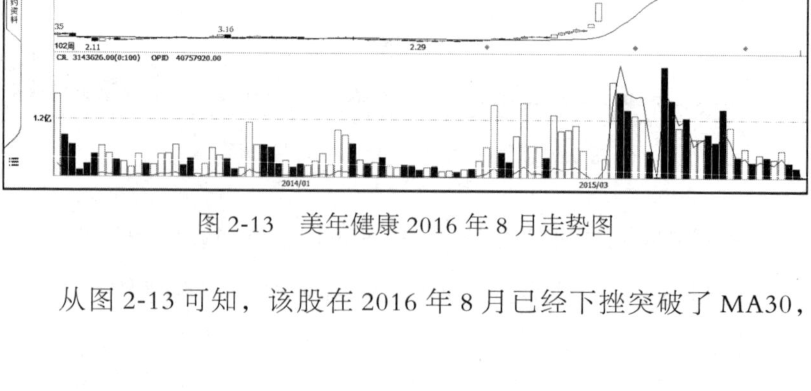

图 2-13　美年健康 2016 年 8 月走势图

从图 2-13 可知，该股在 2016 年 8 月已经下挫突破了 MA30，那么到底是长期处于第四象限，还是可能会短暂下挫之后继而又上行突破 MA30，继续横盘呢？通过对前面几个案例分析的铺垫，我们知道，我们很难做出精准判断，我们唯一能做的还是耐心等待。

我们再来对比同时期市场的走势情况。从图 2-14 可以看出，上证指数的走势非常有规律，从 2015 年 6 月 12 日当周最高峰值暴跌之后，完整清晰地走出了第三象限和第四象限。特别是从图中的最后几根周 K 线可以看出，K 线已经有效突破了 MA30，正式进入第一象限。龙生股份、沙钢股份和美年健康的周线走势目前还在高位横盘继续纠缠，这一现象值得我们认真思考、研究。

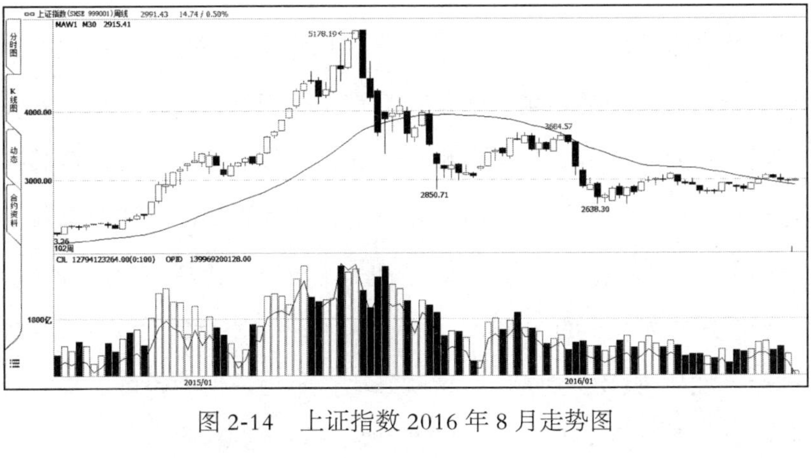

图 2-14　上证指数 2016 年 8 月走势图

最后，在本节布置一个练习题，请你对照上述分析过程和结论，认真研究一下图 2-15，浦发银行（600000）的走势情况。最后对错与否，请你对照日后浦发银行的走势进行参照。

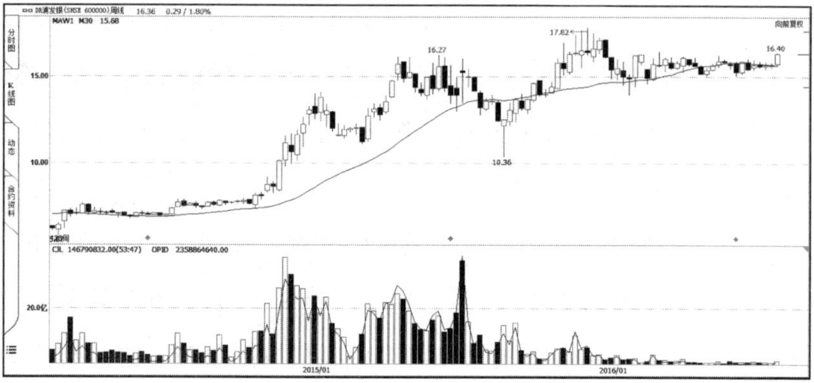

图 2-15 浦发银行 2016 年 8 月走势图

第四节 其他市场的四象限行情定位分析法

笔者多次谈到，“一旦顺利掌握了四象限行情定位分析法，那么不论是大宗商品市场，还是外汇市场、期货市场，哪怕是集邮市场，只要有 K 线，就可以标记处 MA 均线图形的市场，对其都是适用的。因为无论价格形态如何变化，都逃不出上述四象限限划分的阶段”。所以，一切的投资品种，只要有足够数量的周 K 线，并能够形成周线上的 MA30，就能够使用四象限行情定位分析方法对行情性质进行精确定位。这就好比，不论是何种投资品种，我们都有一副金融地图，能够随时随地使用 GPS 导航定位。

我们首先来看黄金市场。黄金市场最活跃的品种就是鼎鼎大名的伦敦金，5 个工作日连续 24 小时滚动交易。百度更是对其大加赞誉：在多如繁星的投资产品中，伦敦金是少数历史悠久但依然为世界各地投资者及炒家所热爱的“生财工具”。300 多年来，投资伦敦金的热潮毫无减退迹象，买卖伦敦金的人有增无减，无数的投资者更是凭借伦敦金发家致富。我们需要知道，一个交易品种是否有钱赚，最关键的因素不是标的产品的问题，而是参与人数具体有多少。暴利的市场，往往人声鼎沸。我们需要参与的就是这样的市场，至于冷清的市场还是交给其他人去做吧。当然，因为伦敦金是目前黄金市场参与人数最多的市场，所以我们一般使用伦敦金来分析黄金市场，但是提醒你注意，伦敦金只是全球黄金市场中一个重要的市场，其他的（比如国内还有上海黄金期货交易所）也有黄金可以交易。我们另外要关注的一个重点是全球黄金市场的规模，2010 年时全球黄金市场的市值只有 6 万亿美元，目前全球黄金市场的市值有可能已经超过 20 万亿美元。伦敦金的走势情况如图 2-16 所示。

图 2-16 伦敦金 2011 ~ 2016 年走势图

图 2-16 是笔者截取的从 2011 年 1 月至 2016 年 8 月的黄金市场走势图。从图中可以清晰看出，这段行情明显出现了四个象限。值得注意的有以下几点：一是在图中左侧第二象限之中，K 线多次跌落到 MA30 处，形成了一个很好的支撑，而后继续上涨，说明 MA30 处是我们补仓的一个很好位置。二是在第三象限，金价的波动巨大。我们要清楚，黄金的交易杠杆一般是 100 倍，个别交易商提供的交易杠杆甚至高达 200 倍。这么大的波动，很容易被洗仓出局。三是 K 线跌破 MA30，进入第四象限，跌到最低价 1180.30 元处，跌落的幅度超过 500 美元，如果做空则利润丰厚。之后，K 线一直试图突破 MA30。但是可以看出，再次进入第一象限之后，MA30 的整体趋势仍然向下。K 线虽然多次突破 MA30，但是之后仍然一路下挫。直到 2016 年 2 月 K 线最终成功突破 MA30，终于实现逆袭成功，顺利进入第二象限。

单就图中右侧而言，我们依然发现 K 线进入第二象限之后，选择最好的买入点为 K 线跌落接近 MA30 附近，这里成本较低，也为我们提供了巨大的安全边际。在图 2-17 中，我们放大了此处图形，来进行具体研究。

从图 2-17 左边方框可见，K 线试图突破 MA30 未果，之后继续下跌寻求机会，终于在 2016 年 2 月之后成功突破 MA30 正式进入第二象限。之后，K 线开始企稳上行，但是从右边白色方框可以看出，K 线有一次非常重要的回调，最低点 1199.90 元接近 MA30。这为我们再次低成本补仓提供了一次绝佳的机会。

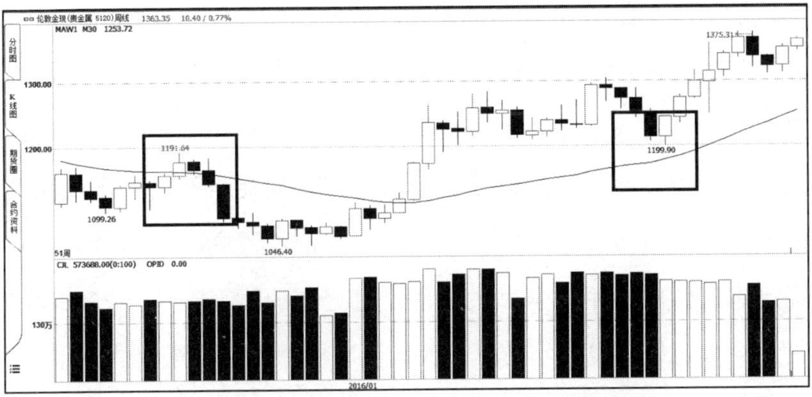

图 2-17 伦敦金 2011 ~ 2016 年走势局部放大图

在前文中，笔者已经从技术层面进行了一个比较详细的分析，接下来，我们再次回到一个重要问题上。试想，如果没有黄金的基本分析，仅仅是通过技术来分析图形，那么我们要浪费多少资金来试探第二象限行情，还不一定最后能够成功。所以，我们必须结合黄金的基本面分析综合判断市场的行情性质。对于黄金的基本面，我们不单单需要了解其基本常识，也要通过主力资金方面的研究进行重点研究。关于这一点，以后有机会再详述。

分析完黄金市场，我们再来分析全球的另一重要市场——外汇市场。如果你认为外汇市场只是一个汇率，没有多大的价值，那么你绝对是对外汇市场的极大不了解，或者存在一些轻视。外汇猛于虎。华尔街狙击海外市场、攻陷一个国家，都是从该国的货币开始的，比如远到 1989 年的日元，1992 年的英镑，1997 年泰铢、韩元、林吉特；近到 2014 年之后的卢布等。以前世界大战或者是区域战争，都是以军事手段为主、外交手段为辅。现在，新的战争、新的玩法，针对新兴市场的都是没有硝烟的货币战争，都是以外汇作为突破口来攻其一点，军事手段和外交手段为辅。这样的战争流泪比流血更加恐怖。很多国家积累几十年的财富、人民的血汗钱，短短几个月就灰飞烟灭，连渣都没剩。我们国家没有经历过这样的货币战争，大众也没有这样的忧患意识。一旦危机真正到来，如何自保？所以，我们也同样需要高度重视外汇市场。外汇市场的杠杆率同样高达 100 倍，它不只是赚钱的利器。我们应该认真学习，将其当作可以进行对冲货币风险，从而对财富保值增值的绝佳工具。

我们以外汇之中交易频繁的日元为例，具体分析外汇的四象限行情定位。日元在“安倍经济学”中的走势非常诡异。一方面，安倍政府倡导量化宽松、极度宽松，甚至于 2016 年 7 月 2 日，在临时内阁会议上通过了规模达 28.1 万亿日元（约合 1.8 万亿元人民币）的经济刺激计划，是日本历史上金额第三高的刺激计划。另一方面，以黑田东彦为首的日本央行则拒不买账，没有在货币政策上进行有效配合，从图 2-18 可以看出，K 线不仅丝毫没有企稳，反而继续下跌。这在美元日元货币对中的明确含义就是——日元还在持续升值。同样，我们也可以将其划分为四个非常明显的象限。目前，有消息评论说，日元应该会企稳回升，进行贬值，但从图 2-18 可知，这非常困难。这也说明，一切的传闻必须结合技术图形进行综合分析方知真伪。

图 2-18　2016 年 8 月美元、日元走势图

从图 2-18 可知，美元、日元在第二象限持续时间非常长，几乎是从 2012 年 12 月延续到 2015 年 6 月，日元从 80 附近迅速贬值到最高值 125.85。你需要知道杠杆 100 倍是什么概念，而且在外汇交易中可以使用浮盈补仓，获利丰厚。

讲完了上述两大全球主流交易品种，我们再回到国内市场来具体研究一下国内期货市场和邮币卡市场。我国期货市场交易的品种很多，比如典型的大宗商品、农产品。在《行情分析进阶》一书中，笔者着重推荐了农产品，那么，我们就以农产品中的棉花为例，着重进行四象限行情分析。需要说明的是，期货界之中不出世的高手傅海棠就是靠着 2008 年的棉花一战，一举进入亿万富翁的行列。所以，希望实现财务自由，你必须着重研究这些暴涨暴跌的品种。具体情况如图 2-19 所示。

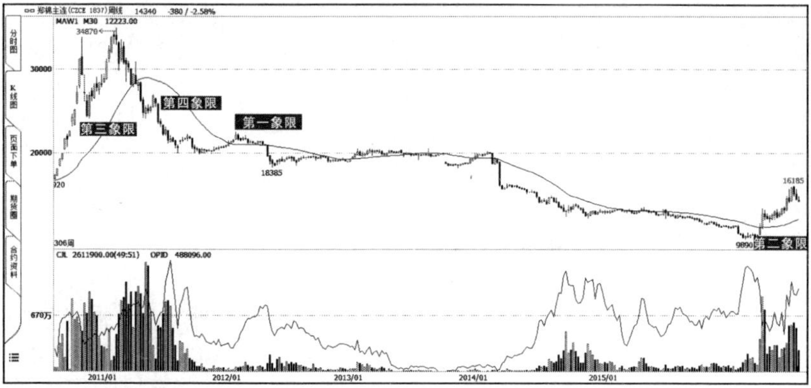

图 2-19　2016 年 8 月棉花走势图

棉花在这段时间的行情非常有意思，值得我们认真研究。从图 2-19 可见，在 2010 年棉花进入第三象限后，开始暴涨暴跌。这个时候风险非常大，很容易被洗盘出局。2011 年 4 月，K 线正式跌破 MA30 进入第四象限。要注意，这个跌幅是很凶的，从最高点 34 870 直接跌到了 20 000 附近。然后，行情开始企稳，在 2012 年 1 月，K 线甚至第一次突破 MA30，笔者判断此处行情进入了第一象限。当然在此处，估计你还会有疑问，需要商榷，但笔者判断的理由还是基于，一旦 K 线突破 MA30 之后，做空的效能就会减弱，不再适宜继续放空。笔者之前介绍过，第一象限的标志性意义是，K 线围绕 MA30 上下波动，这个时候一可以空仓回避，二可以寻找机会做短线。所以，从这个角度而言，虽然最后 K 线的走势在 2014 年 3 月有一个明显下穿 MA30 的动作，但是笔者仍然判断从 2012 年 1 月至 2016 年 4 月，这么长时间的整个时间段，仍然属于第一象限，使用第一象限的短线方法进行操作。那么，进入 2016 年 4 月，K 线上穿 MA30 就正式进入了第二象限。

对于邮币卡电子盘，之前估计很少有人熟知，但是在短短几年里，邮币卡电子盘就已经引爆了一场投资热潮。当然，再次需要提醒你注意的是，笔者并非推荐你投资邮币卡市场。我们决定投资某个市场或者品种，有两点至关重要。一是该市场操作平台的安全性，比如有很多黑平台，租借的一些服务器对于出金、风险控制完全是一团糟。二是该市场或者品种的活跃程度。活跃度越高，越容易获利。相反，如果该市场活跃度不够，那么你只能成为市场游资的囊中之物、瓮中之鳖，任人宰割。所以，笔者在这里介绍邮币卡市场，只是为了说明四象限行情定位分析法对于各个交易市场或品种的适用性，再次提醒你务必注意。

比如我们登陆现在非常火的一个邮币卡交易平台——南京文交所钱币邮票交易中心。在百度上可以看到，有非常多的文交所，我们一定要去其官网。从官网下载交易客户端，与股票交易软件的安装方法一样。正确安装之后，同样点击周线图。我们随便选择一个，比如钱币指数，如图 2-20 所示。请你注意，因为这个软件没有办法删除多余的均线，全部均线都在上面，但是认真观察的话，仍然能够发现不少规律。在周线图上，MA30 是从上往下数的第四根均线。

从图 2-20 可以看出，这是一副非常完美的四象限行情走势图。从 2016 年 8 月的走势来看，虽然媒体对邮币卡市场的宣传很多，但是实际上我们从技术图形可以看出，钱币指数已经进入第四象限，躲避为上，而不应该盲目听信广告的宣传胡乱入市。

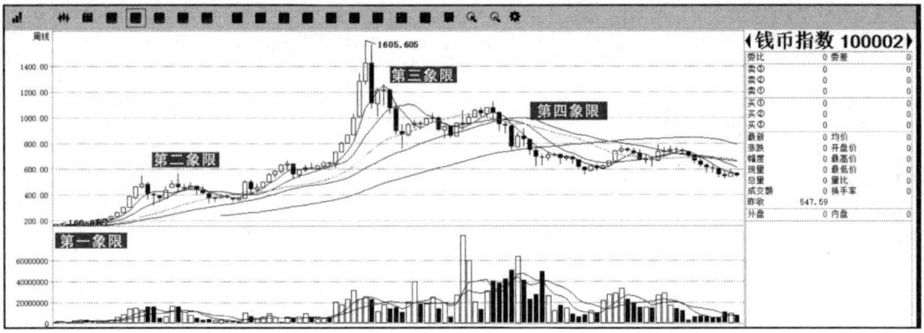

图 2-20　2016 年 8 月钱币指数走势图

还有其他的市场、产品，比如美国的道琼斯指数、中国香港恒生指数、日经 225 指数、英国富时指数、德国法兰克福指数，甚至包括一些衍生品。有些能在文华财经软件上查找到，有些能够从其他网站或者客户端查看，建议你找出来随时翻阅，并且按照四象限行情定位分析法认真分析。这对提高你的整体交易水平、开拓投资视野会大有的裨益。

|第三章|

很湿的雪

第一节　时间窗口的影响

巴菲特曾经说过："人生就像滚雪球，重要的是发现很湿的雪和很长的坡。"在本书的第一章，我们已经解决了很长的坡（即复利）的问题。那么，接下来在本章中，笔者将为你展示成为高手之路上的另外一个核心问题，即如何发现很湿的雪，发掘那些低风险之下的高收益率投资策略。

在本节之中，我们首先来看重要的时间窗口问题。在《行情分析进阶》一书中，对于大众非常关心的宏观经济走势与市场关系，到底是谁影响了谁，是"先有鸡，还是先有蛋"，当时笔者通过对"两种背离和两种共振"的分析基本理顺了两者之间的关系。我们在深入个股研究时，也不得不直面这样的类似问题，即个股与市场的关系问题——到底是重个股还是重市场。在第一章第三节“高胜率的秘密”之中，笔者曾经以美股为例进行过一些说明，接下来笔者将从另外一个角度对此进行详述。

市场上从来都有关于这个问题的两派观点，两派争论不休，乍听起来，“公说公有理，婆说婆有理”。一派认为，要重市场、轻个股。因为市场都是由个股构成的，如果市场行情不好，个股也同样会追随下跌。我们打开市场走势图，多数个股确实是这样运行的。另一派则认为，要重个股、轻市场。有了好股票，走遍天下都不怕。这种观点也并非没有道理，有时大盘暴跌下挫，部分个股却继续上涨，走出了单边行情。貌似两边的说法都很有道理，但总觉得都没有完全说透，那么，我们到底应该听谁的？

这个问题非常严重，决定了我们的投资策略到底以谁作为判断依据。如果不彻底解决，我们今后参与市场投资，就很容易误入歧途，走入陷阱。我们来回顾一下本源，重温基本知识。市场是由个股组成的，比如上证指数，就是所有在上海证券交易所上市交易的股票的加权平均。当然，还有上证 50 指数，就是选取在上海证券交易所上市交易的 50 只有代表性的股票的加权平均。所以，市场的走势在一定程度上来说，是对个股走势的反应，但又不是彻底的反应。比如，市场部分个股可能上涨 5%，但是市场是由全部股票的加权平均，最后市场的走势可能只有 1%，甚至为负值。这都是有可能的。

如果我们比较个股行情与市场行情，不难发现，从周线图的走势上看，90% 以上的个股会与市场的趋势相符，只有 10% 左右的个股会走出独立行情，这部分实在是少之又少。这样我们就可以很好地理解，为什么当市场进入第二象限加速上涨阶段时，连“猪都会飞”，更别说市场上几乎找不到没有上涨的股票；而当市场进入第四象限加速下跌阶段时，能够抗跌的股票也少之又少，因为大多数个股的走势与市场类似。

解释了上述的基本原理，那么，在实践中如何操作呢？在正式回答这个问题之前，还记得笔者一再强调的吗？别人不重视的盲点才是我们获取极大利润的盲利所在。笔者花费了很多年的时间，希望攻克这一盲利，但难度很大，直到笔者研究出“四象限行情定位分析法”后，从四个象限的时间窗口角度出发，结合中国传统哲学思想，才得以基本解决。

中国古代哲学蔚为大观，对于我们做人做事具有极大的参考价值。当中最有参考价值的，笔者认为是“天时、地利、人和”思想。放在投资这个领域，在笔者看来，“地利”是解决如何选股的问题，“人和”是解决投资者情绪问题，而天时最重要，指的就是我们投资的时间窗口问题。实事求是地说，没有好的时间窗口，有好的股票也没用。不只是股票，我们做事、做学问，希望出人头地，时间窗口的作用都非常大。这也好比历史上的很多高士、名士，学富五车、才高八斗，但没有好的机遇也没用，最后只能独自潇洒，一身本领付之东流，老死乡间，无人问津，令人感叹惋惜。从现时来看，网络名言“等风来、等风口来”最关心的也是时间窗口的问题。还是那句话，“等风口来了，猪都会飞”。

所以，如果你认真精读笔者的《行情分析进阶》，想必你也会有所心得。其中，关于市场走势的四象限定位思想在本质上也属于时间窗口的问题。市场进入第二象限，跟随主力资金做多个股，即使是一只大盘股也会有至少 1 倍的涨幅。这就是一种共振，个股跟随市场共振。这时候没有什么要点，也不存在短线还是长线的问题，建议你一直跟随市场趋势，死拿死扛。2007 年的大牛市，一首歌曲《死了都不卖》，唱响全国。只要市场趋势没有走坏，就坚决不卖，但是如果市场走势进入第三象限，我们就需要随时做好个股的平仓准备，灵活处置，见好就收。不管你持有的个股涨幅是超过还是低于市场，只要市场进入第三象限，你就要随时做好出货准备。一旦市场跌破 MA30 周线，开始进入第四象限，就是你所持个股的最后平仓点，而不要去管个股所处的阶段，此时某些个股有可能还在第三象限徘徊。比如，2015 年，市场在第三象限末期加速暴跌，形成股市震荡。市场的第三象限末期，几乎将全部个股囊括，个股无一幸免，都是暴跌的命运。这时，最好的策略就是，及时平仓离场，而不是换股做多，妄图以大盘股、绩优股来抗跌，事实证明这是扛不住的。

我们再来从个股的行情性质入手，一步一步来认识个股的时间窗口问题。这一部分的内容虽然是基础，但同样非常重要而且关键。当然，因为我们有了《行情分析进阶》一书中对市场走势的分析作为基础，这一部分的内容同样易于理解。为了更好地说明问题，也为了你更方便地回顾行情进行复盘，笔者仍然选用的是 2014 ~ 2015 年的个股行情来为你一一剖析。

我们来看第一象限的个股情况，选用的案例是 2014 年前十大涨幅个股之一的抚顺特钢（600399），具体请看图 3-1。

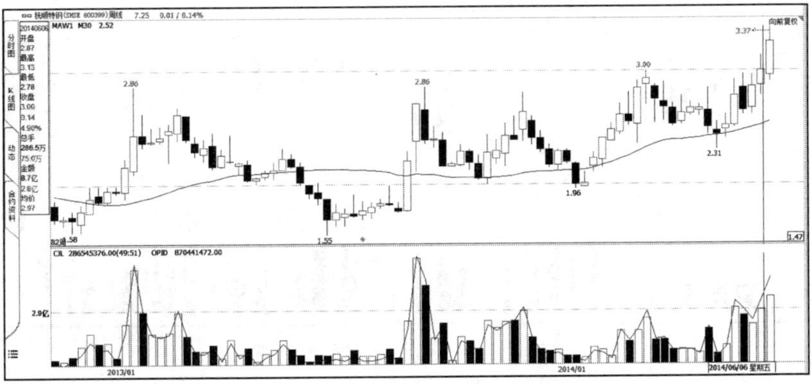

图 3-1 抚顺特钢第一象限走势图

从图 3-1 可以看出，从 2013 年 1 月至 2014 年 6 月，在这么长的时间内，抚顺特钢的 K 线一直围绕 MA30 上下震荡，是典型的第一象限行情上下震荡的特征。从成交量上看，也是典型的上涨时放量，下跌时缩量，除此以外并无明显特征。抚顺特钢一直就这样默默地在第一象限上下震荡，其军工及核电等属性在当时均未被市场发掘和热捧。

如果我们到市场第一象限走势图中看一看（如图 3-2 所示），你会发现，市场在此时也进入了第一象限而上下震荡。

随着 2014 年 6 月之后军工股行情的展开，抚顺特钢一马当先，迅速进入第二象限。如图 3-3 所示，抚顺特钢股价从 3 元附近启动，虽然没有像新股那样连续多个涨停板，但是其股价走势也极其强悍，一路上扬至最高点 18.17 元，创下历史新高。

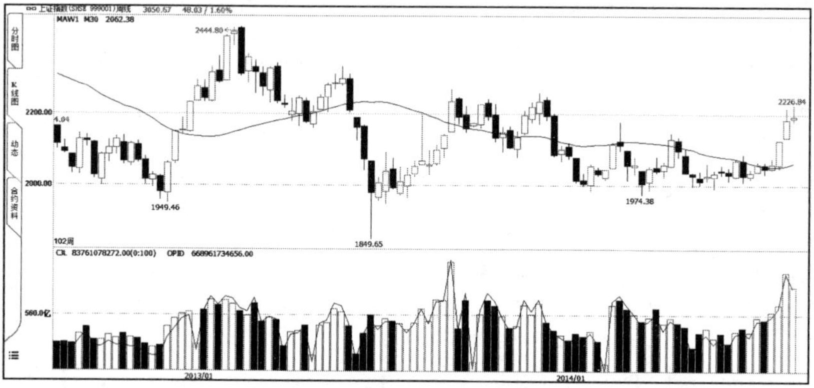

图 3-2　市场第一象限走势图

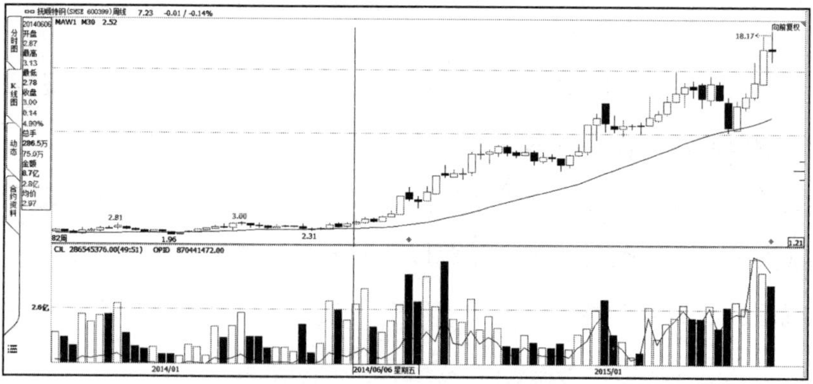

图 3-3　抚顺特钢第二象限走势图

从图 3-3 中可知，2014 年 6 月前后，抚顺特钢已经进入了第二象限，但不得不说，因为我们是站在全息的角度来看待的。如果在彼时，我们不禁要问，抚顺特钢是不是真的进入了第二象限？还是假进入，随时会回调下挫？实话实说，这里不像市场的行情分析，我们可以依据基本面和技术面进行综合判断。对于个股而言，由于我们缺少基本面上的资金分析，因此如果单纯依据个股的技术面很难确定这个结论。

众所周知，很多个股突破 MA30，经过短暂的上涨之后，又再次跌破 MA30。从结果上看，这只是一次假突破。抚顺特钢未来会不会有大行情，值得我们深思。从这一点而言，笔者强烈建议，我们不能一条腿走路，需要找一个拐棍，就是可以结合市场走势的时间窗口一并判断，将两者相互结合。比如，抚顺特钢在 2014 年 6 月从技术面上看已经进入了第二象限，但从此时市场的基本面上看，并没有资金方面的明显支持，也就是全市场的爆发性行情并未到来。抚顺特钢的个股行情要早于市场行情，此时我们应该怎么办？是立即买入抚顺特钢，还是等待市场基本面的好转再来买入？这是非常值得我们认真思考的一个大问题，属于时间窗口研究的范畴。为了安全起见，也就是巴菲特说过的安全边际，在个股的具体买点上，笔者还是建议，除非是有重大题材你可以提前介入，否则其他的个股必须结合市场时间窗口，整体加以考虑。

具体的方法是，耐心等待市场的时间窗口进入第二象限再来操作个股。等待市场进入第二象限，同步尾随买入相关个股，笔者认为这才属于正道。直到市场进入第二象限之后，才应该不用恐惧头寸的大小，“韩信点兵，多多益善”。不要怕买不到好股票，只要进入第二象限窗口期，遍地都是黄金；更不要担心股票价格高，后续的市场行情会推动个股价格一山更比一山高。此时，唯一担心的应该是自己不敢买，对市场没有信心。市场进入第二象限之后，你对个股唯一的态度只有一个字，买。如果非要用三个字来形容的话就是，坚决买。还是那句话，如果你不是老手，坚决不要使用杠杆。

如果你非要在市场进入第二象限之前买入个股，该如何操作呢？如果不是重大题材，此时应该使用非常少量的资金投入此类个股，用以试探个股的行情性质。当然，这种方法还是存在极大的风险，唯一的解决方法就是使用最低的头寸规模，用小资金试探大行情，试探到底此类个股有没有重新进入第二象限。这种方法的最大好处在于，如果在试探过程中，发现个股行情并不显著或者直接失败止损，因为投入的资金少，我们损失的也只是皮毛，而非根本。

既然时间窗口这么重要，我们再来结合其他因素，就能越辨越明。必须说，因为个股包含在市场之中，所以对于个股与市场的关系，不能简单等同于宏观经济与市场的关系。但是，我们仍然可以将个股与市场当作两个独立的个体，借鉴宏观经济与市场关系的分析方法，结合时间窗口来进行共振、背离分析。

第一种背离的情况。如果你非要忽视市场的时间窗口规律，认为要重个股、轻市场，认为在个股的操作过程之中，可以忽略市场对其走势的影响，我们也可以通过对这个案例的分析来具体了解其中隐藏的一些规律。

市场进入第二象限后加速上扬，但有些个股偏偏进入单边下跌行情。假如这个时候你非要在市场第二象限做空个股，这样的个股有没有？当然有，比如典型的有众生药业（002317）。

在我们来看，首先，市场在2014年11月进入第二象限之后一路上扬。从图3-4可以看出，市场走势加速上扬，丝毫没有回调下跌的迹象。

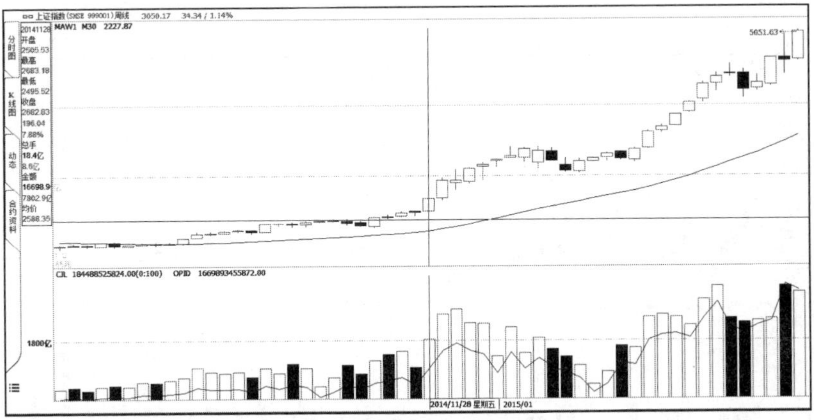

图 3-4 市场在第二象限加速上扬

而我们打开众生药业（002317）的周线图（如图3-5所示）可以发现，众生药业居然是在2014年11月28日当周跌破MA30，此后一路重挫，跌至相对低价8.97元。

我们继续来看众生药业这个案例，我们把时间继续从2014年11月底之后顺延，如图3-6所示。

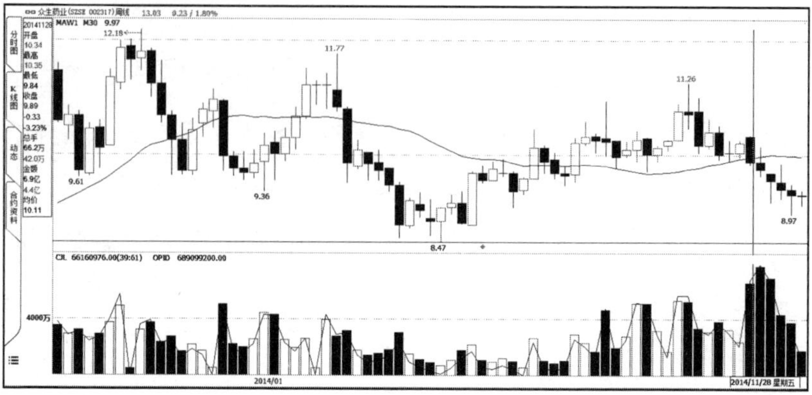

图 3-5　众生药业在 2014 年 11 月 28 日当周跌破 MA30

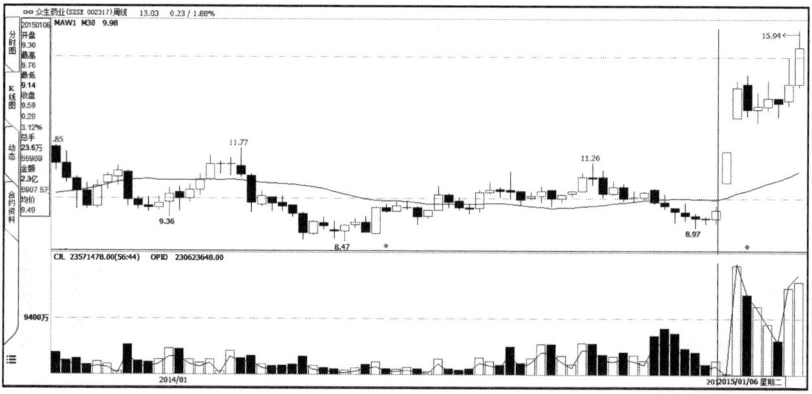

图 3-6　众生药业 2014 年 11 月底后续走势图

从图 3-6 可以清楚地看到，众生药业在历经下跌磨难之后，终于在 2015 年 1 月 6 日当周开始上涨，甚至可以用补涨、跳涨来形容，其后的走势也终于与市场的走势大体上相互一致了。

所以，如果你非要背离市场，非要在几乎全部都是上涨的第二象限行情中去火中取栗，去做空，那么这种做法无疑是玩火、是自置死地。在市场进入第二象限之后，从个股的走势来看，虽然前期可能会产生背离的情况，但最后仍然会与市场产生一致的上涨情况。这就是笔者一再提到的，大行情来了“猪都会飞”。可能刚开始“猪飞不起来”，但是最后还是会逐渐升空，甚至越飞越高。

讲完第一种背离，后续涉及的第二种背离就很好理解了。市场进入第四象限后加速暴跌，但有些个股偏偏进入单边上涨行情，如果你非要在市场第四象限做多个股，会有什么结局？笔者多次强调，多数时候，市场第四象限是做空的最好时机，要么离场观望，要么入市做空，非要逆天而行是行不通的。“天”在这里指代什么？就是指市场大势。笔者入市十几年，熟知的、听闻的太多太多的投资者就是输在了市场第四象限的做多之中，或者输在第四象限抢反弹之中。那么，在市场第四象限做多个股有没有成功的？有，这也是少数成功的一种，即本书谈到的非典型个股，如广晟有色和成飞集成。这两只个股的走势就是逆市场而行，在市场进入第四象限暴跌之后，两只妖股却越涨越凶，完全背离了市场的时间窗口。在本书第四章，笔者将详细地为你讲述这样一类跨越象限周期而暴涨的个股。

两种共振情况就相对而言简单多了。第一种共振是在市场进入第二象限之后，做多个股；第二种共振是在市场进入第三象限末期以及第四象限之后，做空个股。

总之，对时间窗口而言，为了充分降低风险，笔者提倡的仍然是先考虑市场的时间窗口，再选择与市场走势一致的投资策略来操作个股。解决了四个象限的时间窗口问题之后，我们再来看一则心法，帮助你加深对时间窗口的理解。

加深理解非常重要，需要达到一种什么效果呢？要达到四个字的境界：烂熟于心。只要一眼扫过，能够结合心法对市场与个股的时间窗口关系一清二楚，才能够达到出师的标准。如果看了半天，你还需要借助本书介绍的理论，然后一一对应才能弄清楚，那只能算是“白搭”。中国古话说，熟能生巧。做什么事情希望达到一个极致？唯有熟尔，拼命记忆、拼命熟悉、拼命体悟。所以对于这一点，请你务必重视，请至少每天抽出半个小时进行复盘。当然，笔者一再提到，对于个股的四象限行情定位分析法，最后能够借助于市场时间窗口的拐棍作用。希望你在复盘时，能够结合两者而有所提高。

下面是一句非常有意义的股市格言，笔者 2000 年入市的时候就看过，流传至今。对于前面的三句话，可惜笔者当时没有人带，谦虚地说是看不太懂，实事求是地说是完全没有看懂。

做趋势的人多数死在震荡里；

做盘整的人多数死在趋势里；

做短线的人多数死在暴拉里；

没方法的人多数死在乱做里；

有方法的人多数死在执行里；

靠主观的人多数死在感觉里；

靠消息的人多数死在新闻里；

没整死的就是胜者。

此处大有深意！如果你能正确理解上文这段名言，将极大地提高你的投资水平。

现在，我们再用个股与市场时间窗口的关系，即背离与共振来解读最前面三句话的深层含义。

第一，做趋势的人多数死在震荡里。因为只有市场第二象限、第三象限末期和第四象限的操作方法是跟随趋势对个股进行操作、死拿。具体来说，就是市场进入第二象限之后，对个股做多，不到第三象限高点不要平仓；市场进入第三象限末期、第四象限之后，对个股做空，不到第一象限企稳，千万不要平仓。如果采用这种方法去操作行情性质属于震荡的市场第一象限，对个股也去死扛、死拿，希望找趋势、做趋势，那就是不了解目前市场第一象限属于上下震荡，也终将沉不住气，割肉离场。这只能说是“做趋势的人多数死在震荡里”。

第二，做盘整的人多数死在趋势里。本来只有在市场第一象限进行震荡操作，对个股进行低吸高抛或者逢高做空、底部平仓的短线操作方法，非要拿到市场第二象限、第三象限末期和第四象限的趋势投资里。最后的下场无非只有两种情况。一种是赚不到大钱，比如在市场第二象限，因为你肯定会在自己认为的相对高点马上平仓出货，赚到一点儿蝇头小利，但哪知“一山更比一山高”，最后个股价格只会越来越高，根本没有回调的可能，你也再没有胆量入场操作，只能在场外“号啕大哭”，看别人赚钱。另一种是有胆无谋，赔了钱。因为你必然是杀进市场，赚笔小钱平仓，之后再次杀入市场，仍然赚笔小钱平仓。依此类推，最后冲进去的价位已经是第三象限高位。这时就不可能像前期那样能够顺利脱身，不仅前期获利可能全部折损，还成了中看不中用的股东，被长期套牢。

第三，做短线的人多数死在暴拉里。这个也好理解，什么时候会有暴拉？市场在第二象限、第三象限末期和第四象限，第二象限是做多暴拉，第三象限末期和第四象限是做空暴拉。什么时候做短线？市场只有在第一象限才能对个股做短线，用市场在第一象限的短线方法去操作市场第二象限、第三象限末期和第四象限，可行吗？

至于后面的五句话都是显而易见的至理名言。特别是这一句——靠消息的人多数死在新闻里，笔者在《行情分析进阶》里已经多次阐述过，在这里不再赘言。讲到这里，时间窗口的问题已经全部讲完，希望能引起你的高度关注。

培根说过，时间乃是最大的革新家。希望我们都能够通过时间来改变！

第二节　股本的影响

市场能够反映综合态势，但是真正牵挂我们的还是个股的涨跌程度。一般情况下，我们只能通过个股的上涨实现巨大收益，除了本章介绍到的时间窗口，还有什么因素决定了个股的上涨幅度呢？在本节中，我们将一起来学习股本对于个股涨幅程度的影响。

我们以 2014 年的牛市行情为例进行分析。在市场第二象限大行情之中，个股上涨 5 ~ 10 倍是正常的，但你不可能指望市场也达到这样的涨幅。为了深入研究，我们先跳出第二象限的框架，考虑一下市场最宽泛的情况，如图 3-7 所示。如果以 2013 年 6 月 28 日当周最低点 1849.65 作为起点，以 2015 年 6 月 12 日当周最高点 5178.19 作为终点，那么，牛市的涨幅高达 180%。

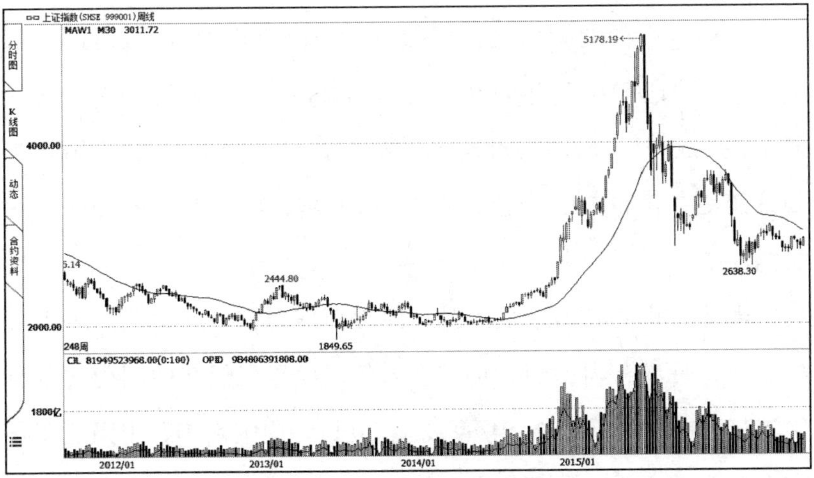

图 3-7　牛市走势图

我们再来看一下在这个周期之内一些个股的涨幅情况。先选一支大盘股，比如沪深300指数中的第一大权重股——中国平安（601318）。它的2013年6月28日当周最低价是15.37元，2015年6月12日当周最高价是45.85元，涨幅是198%。因为是权重股，所以与市场的涨幅相差不大也非常正常。所以，我们可以轻松地得出一个结论，即如果想赚大钱，想获取3倍以上的暴利，与市场涨幅接近的权重股或者说是大盘股，不是最优选择。

当然，也不排除个别存在重大题材的大盘股涨幅惊人。例如，中国北车与中国南车合并成为中国中车。中国北车与中国南车的流通股本和总股本有多少，你可以自行查阅。这两家上市公司股票可谓大盘股中的大盘股，如此庞大的股票在2015年6月8日合并前，其上涨情况如何呢？

我们以中国北车为例，仍然以这个时点作为区间进行分析，具体内容如图3-8所示。2013年6月28日，中国北车的当周最低价是3.32元。历时将近两年，在2015年4月24日，中国北车到达历史最高价42.31元。在这个区间内，中国北车的涨幅高达1174.39%。

当然，我们必须承认，对一般人而言，在中国南北车重组公告之前，是没有内幕消息提前介入的。如果我们在中国南北车重组消息公布之后，即2014年12月30日，中国南车、中国北车发布合并预案之后，我们立即冲进去，价格是多少？很抱歉，市场不等人，12月31日，中国北车被涨停封死，根本无法买入。之后，随即停牌。我们耐心等待，2015年1月9日当周，中国北车终于复牌，当周上涨的幅度是 61.13%。我们假设以当周收盘价 11.44 元作为买入价入市，那么，一直持有到最高价 42.31 元，涨幅仍然高达 269.84%，远远大于大盘或其他权重股的涨幅。

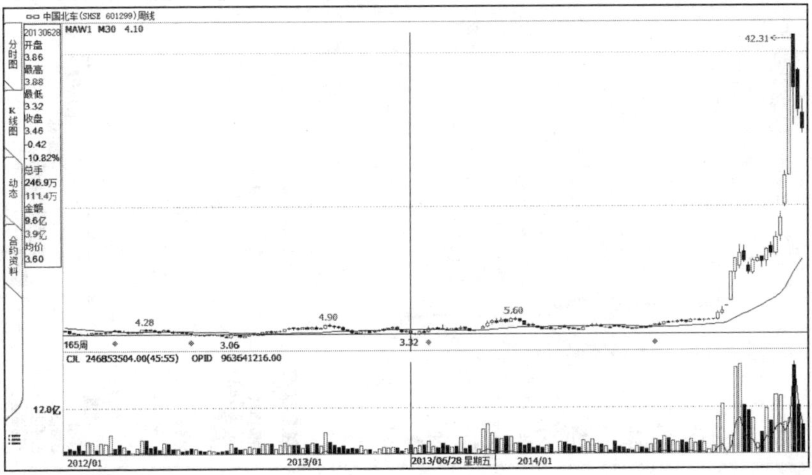

图 3-8 中国北车走势图

分析完大盘股，我们再来继续深度挖掘一只典型个股——特力 A（000025），并从股本的角度进行分析（如图 3-9 所示）。首先，我们来看特力 A 的股本，不到 1.8 亿流通盘，可谓小盘股。该股因为存在国企改革的概念，盘面又小，当然容易被主力盯住，被市场称为国企改革袖珍股。我们仍然以 2013 年 6 月 28 日为起点进行分析，此时该股的当周最低价是 5.42 元，到 2015 年 6 月 12 日的最高点 32.49 元，涨幅高达 499.44%。该股由于盘面小，易被主力操控，筹码容易集中，更利于加速上涨，所以也获得了不错的收益。在这里，我们可以同时注意到，特力 A 的最高点与大盘走势的最高点，在时间上是完全契合的。也就是说，市场大盘到了最高点之后一路下挫，特力 A 也延续了这个时间窗口期。

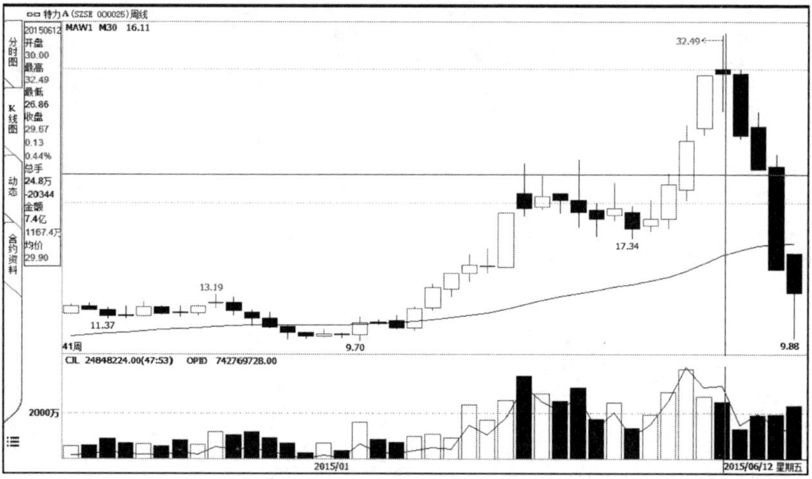

图 3-9 特力 A 走势图

真理越辨越明，规律越看越清，通过对上述两个案例的分析，我们应该能够得出这样的结论：个股涨跌幅度与个股盘面（股本）大小正相关，并存在巨大关联。这一点非常好理解，股本越小，筹码收集起来越容易，主力资金越容易操纵。比如上文我们分析的中国平安和特力 A，在不考虑题材的前提下，中国平安的涨幅与市场接近一致，而特力 A 因为盘面小，涨幅就远远高于中国平安和市场的涨幅水平了。

在这里，笔者插入另外一个话题，我们必须直面另外一个非常恶劣的问题，即我们不得不去说的，A 股特有的、持续年份很长的市场游资洗盘。虽然很多投资者并没有真正见识过市场游资的手法，但是这么多年的宣传，在一定程度上夸大了市场游资的能量。很多投资者会担心，盘面小的个股容易受到市场游资的控制，存在洗盘的极大可能。当然，作为散户，有此担心非常正常，毕竟胳膊拧不过腿，散户的力量分散而有限，很难与市场游资做抗争。所以，很多投资者会倾向于选择股本更大的个股进行投资。这也相当能够说明一些问题——为什么散户倾向于选择大盘股。因为大盘股里没有所谓的市场游资，虽然可能涨幅慢一些，但是至少不会被割肉出局。

在这里，凭借笔者十几年的操盘经验和多次与市场游资亮剑对决的经验，笔者郑重且负责任地告诉你，市场游资没有那么可怕，至少在第二象限之中，市场游资很难发挥作用。我们必须中性地看待市场游资问题。笔者的经验告诉你：不可否认，市场游资洗盘一般发生在市场进入第一象限的时候，发生在市场震荡期。因为这个时候市场清淡，市场游资这种资金又都是签过对赌协议的，不靠洗盘拉升，很难获得期望的利润。所以，在市场进入第一象限的时候，市场游资多数会选择中小盘股，特别通过题材诱导投资者入彀。这个时候的小心谨慎对你而言就非常有必要了，小心驶得万年船。如果非要参与，最好的策略有两条：一是短线参与，二是不要投入过多本金。

当市场进入第二象限时，你还把持着不投资小盘股的理念，就错了。笔者说句不客气的话，在这个时候，不投资小盘股而投资大盘股就有些老顽固、老古董气质了，执拗着错误的投资理念会使我们“播下了龙种，而收获的是跳蚤”。我们知道，市场进入第二象限意味着什么——主力资金的到来。笔者多次强调，我们必须清楚，主力资金和市场游资的概念是不同的。市场游资是指仅仅限于某只股票或某个行业中的控盘资金；而主力资金则是指以国际游资为代表的大额资本。它们进入 A 股，并利用杠杆撬动 A 股，直接意味着 A 股整个市场大行情的到来。一旦大行情到来，整个市场会彻底疯涨，连“猪都会飞上天”，这时候市场游资根本没有机会和能力去洗盘。散户对市场游资，是胳膊拧不过大腿；市场游资对主力资金，是小腿拧不过大腿。市场游资此时能够做的，于你也是一样，即拼命抢筹码，坐等股价飞天。所以，当市场进入第二象限时，你应该怎么办？除非你看中的大盘股有中国北车、中国南车那样的重大合并题材，如果没有，劝你趁早放弃大盘股。对你而言，应该集中精力，好好研究拥有一致性做多预期的重大题材小盘股；哪怕只是随随便便选择一只小盘股，其涨幅程度也必定惊人，至少应该在 3 倍涨幅以上。如果该股同时存在重大题材，涨幅甚至可以在 5 倍以上。

所以，如果理解了个股涨幅与股本的关系，我们同样很好理解个股跌幅与股本的关系。在第三象限末期和第四象限，小盘股的跌幅也是相当惊人，在同样条件下，远超大盘股的跌幅。特别是，如果伴随有一致性利空预期的重大题材，形成强大的共振，跌幅更是巨大。这一点对于做空则是特大喜讯，值得做空的投资者仔细研究。

第三节 一致性预期的影响

在《行情分析进阶》一书中，笔者一再强调，市场的涨跌除了受制于资金之外，预期（做多的预期和做空的预期）发挥了很重要的作用。要在这里特别说明的是，预期包含的因素很多，比如我们之前介绍过，高盛会利用研究报告告诉大家中国的经济基本面持续好转，制造一种做多的预期。同样，监管层会利用某种利好（比如沪港通、深港通）来制造一种做多的预期。请大家务必注意，这种预期的形成在于，用权威的力量形成一边倒的一致性预期。特别是，这种预期的力量由于会给市场带来惊人的力量，必须引起我们的关注和把握。

那么，对于个股，预期的作用同样非常重要，但是相对于上述两种针对市场全局的预期事件，针对个股的预期事件则会更加复杂。在正式展开之前，我们先从容易引起失败的个股预期事件入手，具体包括两种预期事件。

第一种预期事件，个股所对应的上市公司公布年报或者季报。众所周知，这种预期事件会直接对个股涨跌产生显著影响，但是有些时候，这种直接对应的逻辑会让我们看不懂。公布利好消息之后不涨反跌，公布利空消息之后不跌反涨，就是市场老手所说的“利好出尽成利空，利空出尽成利好”。很有意思是不是？再次提醒大家，财务报表数据的好坏，确实是在影响个股的预期。这种预期的变化又确实会对个股的涨跌产生直接影响，但是这种预期变化却无法与个股涨跌一一对应。我们可以看出，消息利好，并非一定会涨；消息利空，并非一定会跌。为什么会这样？因为对于个股财务数据和经济数据的好坏，投资者们往往存在两派的解读，有时无法形成一致预期。以个股公布利好数据为例。一派投资者认为，利好应该做多；另一派投资者则有可能做出这样的解读：利好数据出台后，也意味着个股基本面“好到头”了，此时该股应该进入拐点即将下降了，所以“利好出尽成利空”，应该做空。这样一来，两派投资者的预期无法保持一致，自然表现出来的就是个股财务数据公布之后，如果做多的力量强，则大涨；如果做空的力量强，则大跌。所以，一般而言，由于财务报表数据的力量太弱，无法形成一致性预期，才会导致公布消息时，股价也相应有涨有跌，不具备规律性和重复性。笔者也多次强调，不要利用个股的财务状况变化去做所谓的“消息”行情，这样很容易被某些市场游资玩死。

还有一种预期事件就是，市场游资利用投资者的盲从预期，而在高位进行洗盘。大概在前几年，市场流行价值投资的时候，同样盛行欧奈尔的 CANSLIM 交易法则，这个法则就暗含了上述的财务报表和价值投资的线性思维。美国有机构就说过这样的话，使用 CANSLIM 交易法则选择出来的前 50 只几乎都是高价股。这说明什么？说明市场游资往往会利用我们对财务数据的盲从，在第三象限拼命抛出利好消息，甚至在第四象限股价反弹时放出利好消息，然后等我们不小心高位接盘后，股价就开始天天下跌。除了财务数据的问题，市场游资还可能会利用国家相关机构公布经济数据之时，乘机进行洗盘。所以，对于你而言，必须练好一种基本功。这是我们成为高手的基础，即对于整个市场的、个股的任何利空或者利好的消息，你需要有敏锐的判断力，判断这些消息是否能够达成一致性预期。如果能够达成，我们可以勇敢地冲进去；如果不能够达成，或者你的水平暂时还无法进行有效判断，那就慢慢来，不要着急，慢慢历练终会达成。

所以，一致性预期事件才是我们需要牢牢把握的根本。当然，不可否认，一致性预期事件来源于消息，它们之间有着千丝万缕的关系。消息，笔者对其的定义是市场上广泛传播的新鲜事，但是这种新鲜事不能完全等同于一致性预期事件。我们需要发挥主观能动性，从消息之中抽丝剥茧，剥离出的能够引发一致性预期的事件，才能够叫作一致性事件。只有跟随一致性事件，我们才有足够大的把握去获利；而盲目跟随消息，没有去综合判断这些消息能否引发一致性预期，则有可能在买入之后遭受损失。

我们来继续深入总结一致性预期事件的概念。其实学界已经给它们起了一个非常好听的名字——“黑天鹅事件”。我们可以通过网络搜索来了解何为“黑天鹅事件”：“黑天鹅事件”（black swan event）是指非常难以预测，且不寻常的事件，通常会引起市场的连锁负面反应甚至颠覆。“黑天鹅事件”存在于各个领域，无论是金融市场、商业、经济还是个人生活，都逃不过它的控制。从东南亚海啸到次贷危机，从“泰坦尼克号”沉没到“9·11”事件、瑞士央行取消欧元兑瑞郎汇率下限等。

根据互联网上的解释，这类事件一般满足三个主要特点。一是具有意外性，突如其来；二是会产生重大影响，也就是会达成一致性预期；三是不可预测性，没有人能够精准预测“黑天鹅事件”何时出现。笔者在这里不得不说，上述三个主要特点还不完整，如果再深入研究，还可以加上两个关键点。一是均能够被人为控制。虽然我们说“黑天鹅事件”突然出现，无法预测，但是不论是浑水公司做空中概股，还是美国的次贷危机，这种无法预测的角度均针对大众而言。大众是无法成功预测“黑天鹅事件”的，但是真正的高手从来不会受制于消息，他们就是创造消息、创造“黑天鹅事件”的人。比如，如果是你首先发现中概股财务数据造假，如果是你推荐时任美联储主席伯南克在2007年降息，而你又同步安置了巨量做空头寸，那么“世界将会因你而改变”。这才是高手的真谛。二是“黑天鹅事件”能够造成标的产品的暴涨暴跌。请你记住，一切暴涨或者暴跌的品种，对于投资者而言，都是巨大的潜在盈利品种。中国有句古话流传至今：撑死胆大的，饿死胆小的。我们完全可以利用“黑天鹅事件”发酵出来的一致性预期，放心大胆地去投资。

国内的很多股评和书籍会提到，题材是影响个股涨幅的重要因素，所以，炒股需要把握题材。不可否认，有题材的个股有时涨幅确实惊人。那么，这种题材的概念是否等于“黑天鹅事件”呢？这个问题非常好，解决了这个问题，基本上，我们在学习国内外经典股票书籍的时候，就能够把很多知识融会贯通起来，实现中西合璧。笔者认为，这个问题可以从两个层面来看：一是，题材很重要，因为有时会达成一致性预期，助涨或者助跌该股；二是，不是所有的题材都会达成一致性预期，只有那种重大题材，也就是“黑天鹅事件”，才会有如此大的功效。也就是说，只有重大题材才是“黑天鹅事件”，我们去操作才有意义。

那么，我们不禁要问，这类影响个股一致性预期的重大题材包括哪些？在彻底解决这个问题之前，还要指出的是，笔者对军事集大成者毛主席的“游击战十六字诀”的认识。“游击战十六字诀”虽然简单，但其中大有深意，值得我们认真研读，深入研究。这十六个字很简单，就是“敌进我退，敌驻我扰，敌疲我打，敌退我追”，但是这十六个字又蕴藏了无限的力量，是革命军队游击战争的指导原则，也是我军打得赢的关键心法。笔者从中总结出最重要的就是“拐点”二字。敌人正在势头的时候，我们要退却，静静等待。当敌人疲劳了、力量缩减了，我们就要狠狠打过去。这中间就是因为原先强大的敌人，在力量和士气上形成了拐点，由盛而衰，走上了下坡路。这样，我军在势力对比上就胜过了敌军，胜利的筹码就偏向于我方了。所以，在回答影响个股一致性预期的重大题材是什么之前，如果我们能从这十六字诀出发，对个股重大题材的性质进行定义，我们就可以这样理解：重大题材就是能够改变市场或上市公司原有趋势和发展预期的重大题材，或者说就是趋势之中的拐点。因为有了这样一个拐点，主力资金对市场或上市公司的预期就会一致发生变化：一是判断市场或上市公司即将由盛而衰（可以做空其个股），二是判断市场或上市公司即将由弱转强（可以做多其个股）。

有了这样一个性质上的定义，我们再来找寻重大题材有哪些就好办多了。下面我们来看做空的重大题材有哪些。

第一，国家重大战略或重要政策出台不相符的个股。最明显的就是产能过剩行业，往往不一定是企业管理层经营不行，而是整个行业遭遇危机，典型的比如有钢铁行业、光伏制造行业。

第二，整个股票市场遭受系统性风险。“覆巢之下安有完卵”，个股同样会受到大盘暴跌的影响而暴跌，比如美国“9·11”暴恐事件，造成美国三大指数恐慌性抛盘。还有哪些因素会造成股票市场发生暴跌？如果我们翻看近年来新兴市场暴跌的旧账，你会发现，这些国家股票市场暴跌均来源于房地产暴跌，而房地产暴跌又源于该国货币币值的暴跌（比如泰国、越南、俄罗斯等）。金融市场的连锁反应非常明显，绝非股市就是股市，楼市就是楼市这么简单。

在这里普及一个金融常识，即单一头寸的风险性。我们知道，在市场经济环境下，不论何种主义，只要交易确认，就必然存在买卖双方。那么，单一头寸最大的问题就在于，持有者会从彻底的多方，变成唯一的空方。这是因为，如果一旦出现问题，卖方需要抛售资产变现资金时（需要卖），狡猾的交易商都知道卖方持有的是单一头寸，必然不会接盘（不会买），而卖方就将被迫以更低的价格报价。这样恶性循环，市场交易商也会将以更低的折扣价格去报价。其恶果是市场根本无法达成交易。市场交易商最期望的就是卖方所持仓位最后崩盘，再去抄底，何乐而不为。这就好比，1998 年著名的长期资本公司需要抛售垃圾债券，但由于其持有的单一头寸，其他的垃圾债券都在涨，暴涨 30%，唯独长期资本管理公司的垃圾债券全部是暴跌，原因是市场交易商都沽空长期资本管理公司的品种。我们知道，目前国内最大的单一头寸是房地产，到出现危机的时刻，所有持有房地产的卖方开始抛售，但不一定可以抛出来，当然也可以抛出来，那就只能在低位抛。最后的下场是什么？当然也是崩盘。在这种情况之下，对股票市场来说也将是巨大的噩耗。我们必须注意的是，还有一类系统性风险，就是监管层的态度。这在《行情分析进阶》中有过详细描述，此处就不再赘述。

第三，个股遭受恶意收购。在遭受恶意收购之后，除了会有巨大空头做空之外，其上市公司管理层也会联合其他力量，故意打压股价，比如万科、宝能事件。这类事件，如果后续有反收购计划，即出现“白马骑士”，则投资者可以考虑反向做多。

第四，巨大预期落空。比如 2011 年的重庆啤酒事件：研究十余年的乙肝疫苗宣告失败，形成巨大抛盘。这也是做空的良机。

还有 2015 年的威华股份（002240）。该股自 2013 年其上市公司宣布赣州稀土有意借壳之后，从 5 元低价股一路暴涨至最高点 30.04 元。然而悲剧的是，2015 年 1 月，重组方案遭受证监会的彻底否决，此后，股价一路暴跌。

第五，遭遇重大危机。比如 2015 年，中信证券（600030）在经历金融反腐风暴后，元气大伤，股价暴跌。再比如名声扫地的天津港（600717），因为 2015 年“8・12”事件，几天时间便从 14 元跌至 8 元。

但是，值得你注意的是，天津港这类安全事件易于短线操作，后续走势往往会有一个反弹。笔者在这里与你分享一个经典的操作案例。2010 年 6 月 29 日，华侨城太空迷航发生重大安全事故，6 人死亡，10 人受伤。如图 3-10 所示，6 月 29 日当天，股价从最高点 5.18 元跌落至第二天的最低价 4.18 元。紧接着第三天，7 月 1 日当天收于阳线（笔者也在收阳时大幅买入），然后股价一路上扬。笔者在 5.30 元附近全部平仓，短短一个月，收益率超过 20%。

第六，造假。最普遍的情况就是财务数据造假，很多个股就是因为财务数据造假而产生爆发式的做空行情。还有上市公司的重大项目、订单等的造假，最后都会通过财务数据反映出来。其实这也是一种财务数据造假，做空的利润巨大。当然，A 股这么多年的历史，由于这样或者那样的原因，实际上发生这种情况非常少见，但是这种情况在欧美等国的发达市场则广泛存在。

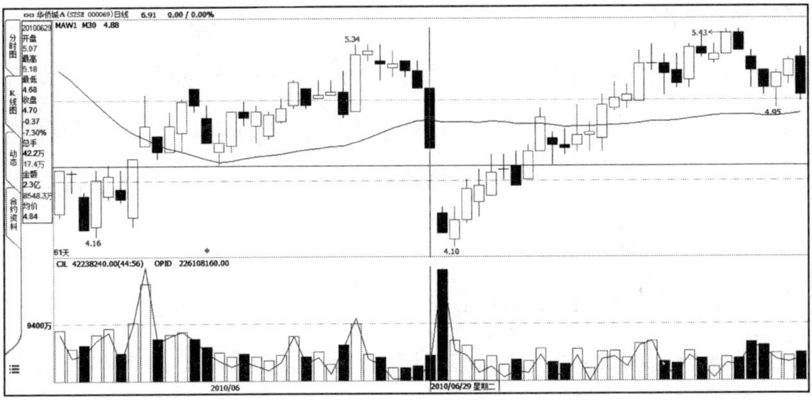

图 3-10　华侨城安全事故后续股价日线走势图

为了更好地讲清讲透，我们选用目前在美国上市的中概股来说明这个问题。几年前，在美国市场上市的中概股集体遭遇了浑水研究公司的做空行为。如何做空？其实很简单，就是利用某些中概股自身财务数据可能造假，进而改变美国市场原先对中概股、中国市场的态度，引起美国市场对这些中概股的恐慌性抛盘。那么，浑水研究公司如何获利呢？同样很简单，先在美国市场拆借大量资金做空选定目标的中概股，一旦空头头寸安排好之后，立即向众多机构投资者发送该中概股的质疑报告，并制造舆论。“哗哗哗”，该中概股就跌得一塌糊涂了。

我们可以先上网查询一下浑水研究公司的简介，其实它的背景非常简单。浑水研究公司创始人卡森·布洛克，2005 年毕业后就来到了中国。过去几年里，卡森·布洛克一直在中国淘金。卡森·布洛克能说普通话，而且也实践了一年的法律知识，为对冲基金做调查研究。34岁时，卡森·布洛克创办了浑水研究公司，主要是曝光在美国上市的中国小公司的虚假财报和欺诈行为。这也真可谓创新了一种盈利模式。布洛克讲道："一次偶然的机会，我发现了一公司存在欺诈行为，而它也正好是一家反向收购公司。于是就诞生了 Muddy Waters Research（浑水研究公司）。"从2010年开始，在北美资本市场当中，浑水研究公司先后发出的研究报告披露了多家在北美上市的中国公司，比如有东方纸业（ONP）、绿诺科技（RINO）、多元环球水务（DGW）和中国高速传媒（CCME），还有我们非常熟悉的新东方（EDU）。这些中概股因为浑水研究公司的披露而导致股价大跌，其中部分甚至被交易所停牌或摘牌。跌了多少呢？我们来看看其中的部分显著案例。

2010年6月28日，浑水对中概股——东方纸业——发出第一场"狙击"，一战成名。浑水报告称，东方纸业存在"恶劣的财务造假行为"，给予其"强力卖出"评级。浑水还连发三道声明继续质疑东方纸业的经营状况。这样做的结果是，东方纸业当周股价暴跌50%。这才只是噩梦的开始。在随后的几年中，东方纸业的股价从2010年6月28日的收盘价8.33美元跌到2013年7月2日的1.5美元，跌幅超过多少？高达80%，而市值损失高达1.7亿美元。在此事件中，毫不避讳地自称持有大量空头的浑水研究公司自然获益颇丰。

再来看一个我们更为熟悉的企业——新东方。不要以为英语说得好就没有人来生事。所谓树大招风，新东方也曾于2012年7月18日遭遇浑水的伏击，两个交易日的股价被腰斩，市值一度仅剩15亿美元。不过，最后的结果是在新东方的强力反击下，股价有所反弹回升。三个月后，新东方通过美国证券交易委员会的审核，财务数据没有问题。国内各路新闻报道均对新东方的行为表示支持，大大的标题都是“浑水对新东方的做空以失败告终”。但是，我们忘记了，新东方刚刚受到浑水狙击的两个交易日，股价就被拦腰斩断。这对于做空资金是什么概念，暴利中的暴利！浑水真如国内媒体所言，失败了吗？没有，它在事后偷偷地数着钱，偷偷地笑看媒体报道。

由近及远，我们的A股市场有没有这样的故事？当然有，但非常少。2001年，刘姝威独战“蓝田”，当惊世界殊！如果你是一位老股民，想必你应该清楚当年这件事情的轰动效应。如果你不太清楚也没关系，笔者为你简单叙述。刘姝威于2001年10月9日，开始对当时普遍认为是绩优股的蓝田股份财务报表进行了分析。刘姝威认为，蓝田股份的短期偿债能力很弱，已经成为一个空壳，完全依靠银行的贷款在维持生存，这是非常危险的。于是，刘姝威写了一篇600字的短文《应立即停止对蓝田股份发放贷款》，于2001年10月26日，发表在了《金融内参》上。一篇短文好似一根银针扎在了蓝田股份这个巨大的肥皂泡上，蓝田的贷款“黑洞”公之于众。此后不久，几乎所有的银行都相继停止对蓝田股份发放新的贷款。2001年11月底，蓝田股份召开临时股东大会，承认由于银行不再给蓝田发放贷款，导致蓝田陷入巨大困境。此后，蓝田股份的财务情况被一一披露，2002 年 1 月，蓝田股份被强制停牌。当然，这里需要说明的是，当时还无法对个股进行做空交易，我们可以设想，如果做空可行的话，这中间应当有多大的利润空间！

再补充一句，股市实际上就是人性的反映，从来只有“矮矬穷”通过光鲜的财务数据掩饰，被装扮成漂亮的“高富帅”。这给了你什么启示？与其按照消息买卖股票，不如自己创造消息。如何创造消息？自己调研，自己分析，研究股票财务数据的真伪！如果有假，可以择机做空。只有这种大的事件，才能够形成一致性预期，是一种非常好的投资策略。你不用迷信所谓的专家和消息。你看，不论是浑水的布洛克，还是刘姝威，均凭一己之力就击溃了一个又一个“神话”。他们靠的不是迷信权威，而是靠自己扎实严密的分析功课和可贵的常识。为什么说常识很重要，因为市场之中有时候各种权威实在太多了，反而把大多数人的眼睛蒙蔽了，使他们很难认清常识。这也是笔者一再对你强调的，常识的重要性。

第七，美元上涨周期内的大宗商品类个股。笔者曾在《行情分析进阶》中对美元指数有过详细分析。一旦美元指数上涨，则大宗商品暴跌。这从近两年来煤炭、石油、黄金等大宗商品的走势就能看出一二。所以，一旦美元指数进入上涨周期，那么做空大宗类商品个股将是非常不错的选择。

以上就是七类做空的重大题材。这七类重大题材在何时运用效果最佳？当然是必须结合市场和个股自身的走势来操作，效果最为明显。我们可以认真思考一下，只有在市场出现明显顶部之后，也就是在市场第三象限末期和第四象限，再来结合个股的这些重大题材来操作，就相当于一种重磅的共振力量，此时形成的做空力量犹如一颗原子弹，其力量无穷，利润惊人。

当然，随着市场的发展，将来还会形成越来越多的做空类重大题材，笔者目前无法一一穷尽。还是那句话，“授人以鱼，不如授人以渔”，只要你掌握了科学的判断方法，加上多年的市场经验，你也能够接着笔者总结出的方法，深化出越来越多的一致性做空预期的重大题材，就是盲利。同时，倘若你有好的做法和经验，总结提出来与笔者进行交流，笔者特别高兴能与你就这一点展开热烈讨论，共同提高进步。所以，一切的一切，还是那句话，必须强调，只有形成一致性做空预期的重大题材，不能是那种首鼠两端的事件，我们才能重仓参与做空。

在分析一致性做空预期的重大题材之后，我们再转过头来看一致性做多预期的重大题材。个股的暴涨主要受制于重大题材，重大题材的核心概念是制造一种上涨的预期。我们可以来回顾中国南车、中国北车的重组案例，特别是两车合并事件一出，国家也在向世界推出中国高铁、国家名片概念，以致两车一时上涨，牛气冲天。所以，如果有重大题材，连同这类超级大盘股也不能放弃。我们之前统计过，就算是后知后觉，在重组公告发出之后再行买入，投资收益也高达3倍。此类个股主要有以下几类。

第一，国家重大战略或重要政策出台相符的个股。这样的题材实际上我们非常熟悉，比如2009年“四万亿”出台，房地产、钢铁、水泥类个股都出现了不错的涨幅。再比如，十八大以后，国家提出“一带一路”战略，相关个股涨幅也非常大。还有前段时间的南海危机，国家的有效应对使军工股都有非常大的涨幅。

第二，定增、重组类个股。定增题材、重组题材是一种老题材，老股民几乎人人都知道，也一直是各类资金追逐的对象，连带ST股也会沾光。比如2010年，市场处于第二象限时，彼时横空出世一只重组牛股*ST光华，涨幅接近3倍。彼时的背景是，*ST光华发布公告与恒逸集团进行重组，而这一重组使其来了一个大变身，从原来铝型材加工行业变更为生产和销售对苯二甲酸和聚酯纤维等产品的化工企业。而恒逸集团作为PTA和聚酯纤维相关产品的行业龙头，连续多年跻身中国企业500强，这成为*ST光华的最大“招牌菜”，之后一涨再涨，牛气冲天。定增、重组因为异常重要，是绝对的暴利品种，所以笔者将在后续第四章重点展开。

第三，重大资产注入、高送转的个股。国内军工股，特别是中航系一直是重大资产注入的“圣地”，有大量优质资产埋伏着，等待注入资产相对较少的上市公司。从这个角度来看，中航系资产证券化牢牢稳居国有企业特别是中央企业前列，值得其他国有企业认真学习。从前期ST昌河，再到中航精机，一直都是明星投资人王亚伟的最爱。从目前来看，中航系还有大量重大资产注入机会，比如中航动力和成发科技，都值得我们认真研究。另外，我们来看“高送转”的个股。2015年9月17日，易尚展示（002751）在完成半年度“10转10”的高利润分配方案之后，这个方案远超市场预期，仅仅3个多月时间，暴涨拉升，在2015年11月26日至最高点170.73。

第四，重大项目+大订单。重大项目和大订单，极大地提高了上市公司业绩的确定性，能够带给投资者以巨大的想象空间。笔者一再强调，个股的拉升需要依靠预期的推动，预期越大，想象空间越大。所以，对于这一点而言，我们不如说，关键是有一个好故事。预期要依靠好故事的传播，以便扩散得更远更快。这也是一门相当好的学问，不论是投资还是管理，故事非常重要。因为好的故事，能够引爆风口，能够带动资金的蜂拥而至。在这里推荐一本好书，即马尔科姆·格拉德威尔的《引爆点》，为什么有些观念、产品、趋势能突然流行？如何引发流行潮（风口）？《引爆点》一书精彩地诠释了这种种奇特现象，我们不仅要熟练掌握这种方法论，还要真正读懂上市公司传播出来的好故事。好故事不一定都是真故事，搞不好只是“画皮”。判断到底是不是真故事，真的需要做好功课，下大力气研究好、跟踪好。

第五，属于市场前沿的热门重大技术概念。“一招鲜，吃遍天”

说的就是这个道理，当然，这一点也属于好故事的范畴。比如互联网，新能源中的锂电池、石墨烯等重大技术的突破，人工智能阿尔法狗战胜李世石，无人驾驶技术开始装配应用，等等，都属于市场前沿的概念。比如新能源概念来临时，锂电池成为市场爆炒的板块，锂电池行业中的小盘股成飞集成，远超德赛电池和中国宝安这样的电池制造龙头，一路高歌以211%的暴涨幅度位居当年A股涨幅榜第十位。但是必须着重为你强调，有两种情况必须引起我们深入思考。一是并非所有重大技术都能够实现个股的暴涨，反而有可能因为技术的进步将整个市场拖入红海，典型的就是智能手机行业。手机行业的先驱领导者诺基亚，因为智能手机技术的广泛应用，最后反而陷入充分竞争直接导致破产。二是重大技术发展的阶段，与个股涨幅没有明显规律。比如，石墨烯是在技术宣告成功但还没有大规模成熟应用时，就导致相关个股暴涨。锂电池则是在技术明显成熟应用之后，相关个股才开始暴涨。关于上述两个问题，如果我们从一致性预期的角度就很好理解。因为并非所有的投资者都是专业技术科班出身，能够看懂所谓的前沿技术和发展趋势的投资者寥寥无几。这会导致什么？会形成投资者对该行业、对该技术的不同看法，无法形成一致性预期。这是很可怕的。我们讲过，没有一致性预期的时候，上涨或者下跌的概率是一半对一半。所以，对于重大技术，如果你并非专业出身或行内人士，以此作为依据入市操作，一定要小心谨慎、防范风险、做好止损。

第六，就是我们广泛熟知的，打新。按常规讲，一般打新只有几倍的涨幅，但如果打中的是概念新股和小盘新股，那就是“鸡毛上天”了。2015 年 A 股当之无愧的第一超级牛股就是，300431 暴风集团（原名暴风科技，后因布局体育文化产业，改名暴风集团）。搜狐新闻介绍，2015 年 3 月 24 日，具备了“互联网 +”、虚拟现实等多重热门题材的暴风科技一上市便创造了 A 股新股历史的“神话”。暴风科技在深交所挂牌上市，此后一口气拉升 29 个一字涨停板，5 月 6 日稍做歇息，5 月 7 日开始再连续 6 个涨停。5 月 21 日，暴风科技盘中冲高至 327.01 元，相对于 7.14 元的发行价涨幅高达 45.79 倍。这些常识你是不是越来越清楚明了？让我们继续来解读分析。创业软件（300451），于 2015 年 5 月 14 日上市，正值“互联网 +”概念如火如荼，什么结果？连续暴涨拉出 27 个涨停板。最后一个例子概念新股，我们分享的是“网红”万达院线。万达院线（002739），2015 年 1 月 22 日上市，得益于国内电影消费（萧条娱乐经济）持续旺盛，院线市场蓬勃发展，自上市以来，一路暴涨飙升。同样，暴涨的还有新上市的小盘股。作为 2015 年新股发行的小盘股代表，中文在线（300364），于 2015 年 1 月 21 日上市，连续拉出 22 个涨停板。该股在业绩和题材上并无特殊之处，但是盘面小，流通股仅仅为 3000 万股，方便游资炒作。另一代表，信息发展（300469），2015 年 6 月上市，不到半年时间，已经出现超过 30 次涨停。同样也是小盘面，彼时流通股不到 2000 万股。所以，这类个股给我们什么提示？参与股票打新也是有规律的，一是小盘股，二是有好故事、一致性预期的个股才能成为你的最爱。如果非要去打新，又想实现高收益，就要做好基本面的功课，高度关注并操作这类个股的打新。

第七，财务数据得到极大改善的个股。具体是指由于财务数据的极大改善，比如像 ST 股撤销退市风险警示的股票。对于这类个股而言，这无疑是一次浴火重生。所以，摘星脱帽行情都是 A 股不曾缺席的热门题材之一，比如前文介绍过的 ST 有色，脱帽改名为广晟有色，涨幅惊人。再比如 2016 年 2 月以来，*ST 霞客环保（002015）涨幅高达 52%，*ST 光学（600071）、*ST 川化（000155）、*ST 星美联合（000892）等股票，在脱帽后一度涨幅均超 30%。

第八，美元下跌周期内的大宗商品类个股。同样是在本系列丛书的第一册《行情分析进阶》中，笔者指出，一旦美元指数下跌，黄金、石油等大宗商品将会暴涨。如果你参与过 2007 年牛市行情，想必你对当年有色金属的暴涨记忆犹新，因为当年美元指数正处在下降周期之中。而我们打开市场走势图，为什么 2014 年的牛市行情，有色金属等个股涨幅却不明显呢？因为实际上，2014 年之后美元指数已经进入上涨周期，所以大宗商品的现货价格都在持续下跌，反映到这类股票上情况并不会有好的状态和表现。比如当时的有色金属等个股，在市场第二象限上涨的带动之下，也只能说涨幅并不惊人。相反，2015 年 12 月之后，美联储加息，美元指数下跌，同时在人民币持续贬值的推动下，有色金属个股，包括煤炭、钢铁等周期类个股反而有了一些不错的涨幅。

第九，农业股和军工股。笔者认为，这两类个股是未来二十年最值得投资，可以持续长线做多的股票种类。具体原因，同样请参见《行情分析进阶》一书。

以上九种就是笔者总结的个股做多重大题材。同样这样九种重大题材的股票在何时操作效果最佳？当然也是在个股第二象限初期运用，效果才会最为明显。这同样可归于“共振”的另外一种有效模式，利润同样惊人。最后必须强调还是，一切的一切，必须只有形成一致性做多预期的重大题材，不能是那种首鼠两端的事件，我们才能重仓参与做多。

综上所述，一致性做空预期和一致性做多预期重大题材，分别与相关个股的象限定位相结合，才是低风险高收益投资策略，也是你事半功倍的赚钱之道。

第四节　新股的介入方法

如果我们希望在股市中掘金、发财、实现财务自由，成为高手，那么笔者再次郑重告知，认真研究本章前三节关于个股暴涨、暴跌的规律，即时间窗口、股本、一致性预期，这是笔者帮助你实现愿望的王道。如果你还没有勇气，去投资这些暴涨、暴跌个股，或者已经被个别舆情反映吓破了胆，怕所谓游资洗盘等，或看准了而又信心不足、畏首畏尾，那么笔者只能遗憾地告诉你，你从此与财富无缘。所以，如果你还心存希望，那么就应该满怀信心，认真研读暴涨、暴跌个股的全部投资策略。

在本节，笔者将会向你继续详细介绍如何运用时间窗口、股本和一致性预期的规律，挖掘最有可能实现暴涨、暴跌的新股，帮助你在最短时间内获取丰厚利润。对于这一点，我们要有梦想，但不能够妄想、空想，仍然需要脚踏实地，跟随笔者一同认真学习。

首先，我们来看新股。在市场进入第二象限之后，我们还需要重点关注新股。为什么，因为暴涨，利润巨大的还是新股，这是目前 A 股的惯例和铁律。这也是笔者将其单独从一致性做多预期重大题材之中拎出来向你详细介绍的重要原因。例如 2015 年上半年涨幅排名前 15 名的个股，见表 3-1，新股有 12 只，占比高达 80%。此外，请你注意，表 3-1 的统计时点正好是从 2015 年 1 月 1 日至 6 月 30 日，这个时间节点非常有意义，正好剔除了股市震荡的部分影响。

从表 3-1 中我们不难看出，新股利润巨大，这个自不多言。关于这一点，我们重点从上市时间来了解时间窗口的意义。按照上市时间，将这些暴涨的新股重新进行排序，在里面的时间窗口规律也就一目了然了。相关结论如下。

表 3-1　2015 年上半年涨幅前 15 名的个股

股票代码	股票简称	区间涨跌幅（%）01.01 ~ 06.30	区间换手率（%）01.01 ~ 06.30	区间振幅（%）01.01 ~ 06.30	区间成交量（亿股）01.01 ~ 06.30	区间成交额（亿元）01.01 ~ 06.30
300431	暴风集团（原暴风科技）	2 891.83	522.64	3 071.01	1.57	353.65
002625	龙生股份	980.11	389.04	930.35	7.10	504.66
300364	中文在线	930.59	1 691.57	1 908.36	5.07	480.00
300446	乐凯新材	842.15	373.33	1 476.14	5 749.27	90.62
300451	创业软件	840.96	197.46	1 221.74	3 356.82	73.52
603318	派思股份	782.53	504.49	973.38	1.52	109.93
002739	万达院线	696.65	774.67	698.93	4.65	515.92
002751	易尚展示	686.88	509.99	1 333.86	8 955.36	147.97
300422	博世科	642.36	1 178.83	966.39	1.83	149.97
603678	火炬电子	622.98	777.75	712.71	3.24	170.90
603600	永艺股份	595.15	1 841.13	702.51	4.60	258.21
002075	沙钢股份	587.50	179.57	632.08	28.31	462.25
002044	江苏三友	580.09	380.51	587.05	8.76	434.66
002747	埃斯顿	562.19	909.10	1 216.04	2.73	233.89
300467	迅游科技	511.73	8.80	501.73	87.97	2.14

一是从上市时间上看，集中在市场第二象限上市的新股，暴涨概率最高。具体参见表 3-2。

表 3-2　2015 年暴涨新股上市时间研究

股票代码	暴涨新股	上市时间
300364	中文在线	2015 年 1 月 21 日，收盘价 4.89 元
002739	万达院线	2015 年 1 月 22 日，收盘价 14.77 元
603600	永艺股份	2015 年 1 月 23 日，收盘价 14 元
603678	火炬电子	2015 年 1 月 26 日，收盘价 14.58 元
300422	博世科	2015 年 2 月 17 日，收盘价 7.11 元
002747	埃斯顿	2015 年 3 月 20 日，收盘价 4.64 元
300431	暴风集团（原暴风科技）	2015 年 3 月 24 日，收盘价 4.67 元
300446	乐凯新材	2015 年 4 月 23 日，收盘价 6.07 元
603318	派思股份	2015 年 4 月 24 日，收盘价 3.05 元
002751	易尚展示	2015 年 4 月 24 日，收盘价 7.43 元
300451	创业软件	2015 年 5 月 14 日，收盘价 6.68 元
300467	迅游科技	2015 年 5 月 27 日，收盘价 12 元

注：本表所指股价均为复权后。

表 3-2 表明，这些暴涨新股集中在 2015 年 1 月的有 4 只；2 月的最少，只有 1 只；3 月的也不多，只有 2 只；4 月达到一般水平，有 3 只；5 月的，也只有 2 只。我们将其与上证指数的象限行情时间进行比较。综合基本分析和技术分析的判断，笔者判断上证指数是在 2014 年 11 月前后进入第一象限的，在 2015 年 4 月之后进入第三象限，在 2015 年 6 月 12 日达到峰值 5178.19 点，2015 年 7 月正式进入第四象限。这样两相比较，不难看出，暴涨新股均出现在市场进入第二象限之后，有 7 只。在市场进入第三象限末期，即峰值之前，市场情绪高涨，同样涌现出不少暴涨新股，有 5 只之多。所以，这就很好得出结论，何时打新股，或者说打

新股的最好时间是何时，抑或说何时出现暴涨新股的概率最大，现在看来，我们要将注意力和资金重点放在市场的第二象限和第三象限，在这个时间窗口，新股暴涨的可能性最大。

如果你还没有完全领会其中的深意，我们再来对比 2014 年全年涨幅前 15 名的个股情况。中商情报网对 2014 年涨幅翻番的 226 只个股都进行过一个统计，我们不用分析这么多，只对比 2014 年涨幅排在前 15 名中的个股情况。

表 3-3　2014 年涨幅前 15 名的个股

代　　码	名　　称	年涨跌幅 [交易日期] 本年初 [复权方式] 不夏权 [单位]%
600381.SH	*ST 贤成	922.115 4
603169.SH	兰石重装	609.917 4
603019.SH	中科曙光	476.246 7
600399.SH	抚顺特钢	386.792 5
600556.SH	北生药业	312.011 2
300162.SZ	雷曼光电	304.656 0
300288.SZ	朗玛信息	275.708 5
600061.SH	中纺投资	274.026 0
000562.SZ	宏源证券	271.046 2
002354.SZ	科冕木业	264.616 4
002602.SZ	世纪华通	264.109 6
300406.SZ	九强生物	260.911 7
601800.SH	中国交建	246.287 1
002707.SZ	众信旅游	245.211 2
601390.SH	中国中铁	245.149 3

在表 3-3 中，我们可以看到，2014 年涨幅前 15 名的个股中，新股只有 4 只。它们的上市时间分别是：

兰石重装（603169），2014 年 10 月 9 日上市；

中科曙光（603019），2014 年 11 月 6 日上市；

九强生物（300406），2014 年 10 月 30 日上市；

众信旅游（002707），2014 年 1 月 23 日上市。

具有慧眼的你发现了什么？4 只暴涨新股，有 3 只集中在 2014 年 11 月前后。我们在前文提到过，2014 年 11 月，就是市场进入第二象限的时机。所以再次印证，在市场第二象限这个时间窗口，新股暴涨的可能性最大。

二是多数暴涨个股先于大盘见顶。我们知道，市场的见顶时间是 2015 年 6 月 12 日。而表 3-1 的统计时间恰好截止在 2015 年 6 月 30 日，这样一来，我们按照表 3-1 所列暴涨新股的见顶时间进行重新排列，这一次我们又将发现不少规律性的认识。

表 3-4　2015 年暴涨新股见顶时间研究

股票代码	暴涨新股	见顶时间
002739	万达院线	2015 年 5 月 13 日，最高价 123.73 元
300431	暴风集团（原暴风科技）	2015 年 5 月 21 日，最高价 148.64 元
300364	中文在线	2015 年 5 月 22 日，最高价 99.67 元
300422	博世科	2015 年 5 月 28 日，最高价 77.41 元
002747	埃斯顿	2015 年 5 月 28 日，最高价 64.66 元
603318	派思股份	2015 年 6 月 1 日，最高价 33.83 元
300446	乐凯新材	2015 年 6 月 4 日，最高价 100.74 元
603678	火炬电子	2015 年 6 月 12 日，最高价 122.80 元
002751	易尚展示	2015 年 6 月 12 日，最高价 108.83 元
300451	创业软件	2015 年 6 月 24 日，最高价 89.58 元
300467	迅游科技	2015 年 6 月 24 日，最高价 74.17 元
603600	永艺股份	2015 年 9 月 8 日，最高价 158.50 元

注：本表所指股价均为复权后。

从表 3-4 可以看出，12 只暴涨新股，有 9 只从 2015 年 5 月开始，至 6 月 12 日之间开始陆续见顶。在 6 月 12 日当天，有 2 只暴涨新股与市场同时同步见顶。还有 2 只暴涨新股虽然晚于市场见顶时间，但也没有熬过 6 月底，在 6 月 24 日同时见顶。只有一只永艺股份（603600）一直坚挺到 9 月才见顶回落。可见，在第二象限之中，前期暴涨的个股，见顶时间会早于市场。为此，笔者在这里建议，如果你还无法精准预测个股的见顶时间，那么一定参照《行情分析进阶》技术分析之中所述“抓顶策略”，在市场见顶时刻同时同步对个股进行平仓出场。如果一旦错过市场大顶，损失了部分利润，但是一定要在市场跌破 MA30 进入第四象限之前，平仓获利离场。这是最后的机会，不然即使手握暴利，也只是镜中月、水中花，昙花一现罢了。

说到见顶时间，在这里补充分享一个不是暴涨新股见顶的案例，来看一个重大题材股的个案。请你打开中国北车（601299）的日线图，从中可以看出，该股于 2015 年 4 月 20 日见顶的，而市场是在 2015 年 6 月 12 日见顶的。这里我们就要问了，为什么中国北车会先于大盘的高点见顶呢？那是因为 2014 年 12 月 30 日，中国北车与中国南车发布的公告已经确认两家上市公司合并的时间节点。所以，在这种明确公告有时间时点的个股中，就一定要牢牢把握、重点关注这些重要时点，随时按照这些时间窗口的要求，做好平仓准备。

按照共振的关系，新股与市场在第二象限之中的上涨关系，可以称为第一种共振。现在接下来，我们来分析新股与市场在第三象限末期和第四象限之中的第二种共振。目前 A 股市场不比从前，部分个股既可以做多，也可以做空。市场在第三象限末期，包括跌破 MA30 进入四象限之后，个股会一直追随市场暴跌，形成巨大共振。不得不说，这种现象的破坏力量大得惊人，做空的利润远超做多。这就是华尔街尤其喜欢在全球各个市场疯狂做空的原因。当然，一般情况下，一旦市场从第四象限进入第一象限突破 MA30，不论你做空的个股是否还在下跌，同样为了安全起见，笔者也建议你应立刻平仓出货。

我们在这里仍以新股为例来介绍第二种共振关系。随着市场进入第四象限，前期暴涨新股尤其要引起我们的注意，这些新股跟随市场暴跌，跌幅巨大（见表 3-5）。

表 3-5　前期暴涨新股跟随市场暴跌幅度情况

股票代码	暴涨新股	见顶时间	跟随市场暴跌幅度情况
300364	中文在线	2015 年 5 月 22 日，最高价 99.67 元	2015 年 7 月 20 日，跌至最低价 30.04 元
300467	迅游科技	2015 年 6 月 24 日，最高价 74.17 元	2015 年 7 月 9 日，跌至最低价 41.61 元
002739	万达院线	2015 年 5 月 13 日，最高价 123.73 元	2015 年 8 月 26 日，跌至最低价 66.30 元
603678	火炬电子	2015 年 6 月 12 日，最高价 122.80 元	2015 年 8 月 26 日，跌至最低价 52.70 元
300431	暴风集团（原暴风科技）	2015 年 5 月 21 日，最高价 148.64 元	2015 年 9 月 2 日，跌至最低价 32.28 元
300422	博世科	2015 年 5 月 28 日，最高价 77.41 元	2015 年 9 月 2 日，跌至最低价 23.44 元

（续）

股票代码	暴涨新股	见顶时间	跟随市场暴跌幅度情况
603318	派思股份	2015年6月1日，最高价33.83元	2015年9月2日，跌至最低价8.42元
300446	乐凯新材	2015年6月4日，最高价100.74元	2015年9月2日，跌至最低价27.21元
002751	易尚展示	2015年6月12日，最高价108.83元	2015年9月2日，跌至最低价26.44元
002747	埃斯顿	2015年5月28日，最高价64.66元	2015年9月15日，跌至最低价16.22元
300451	创业软件	2015年6月24日，最高价89.58元	2015年9月15日，跌至最低价25.57元
603600	永艺股份	2015年9月8日，最高价158.50元	2015年9月28日，跌至最低价57.43元

注：本表所指股价均为复权后。

如果我们将表3-5与图3-11结合起来比较，就可以发现，市场在2015年7月经历暴跌之后，一直围绕MA30进行短暂休整，之后在8月21日当周迅速跌破MA30，在8月28日当周到达最低点2850.71，之后开始横盘走稳回升。从表3-5也能够看出，多数暴涨个股也是在9月左右跌至最低价。当然，我们可以得出最重要的结论是，个股从市场见顶（第三象限末期）至第四象限之中暴跌就是做空最肥的一段利润。风险不是很大，但利润同样惊人，值得我们好好研究利用。

我们再来看第三种共振。这是一种特殊的共振，具体是指在市场进入第四象限之后的第一次反弹，个股尾随大盘同步进行反弹。在这个案例之中，我们仍然以上文所述的这些新股为例来进行说明。我们再回到图3-11，可以清晰地看到，市场的第一次反弹是从 2015 年 8 月底启动走稳，到 12 月 25 日当周反弹至 MA30 周线处为止，到达相对高点 3684.57 点，市场上涨了 800 多点。

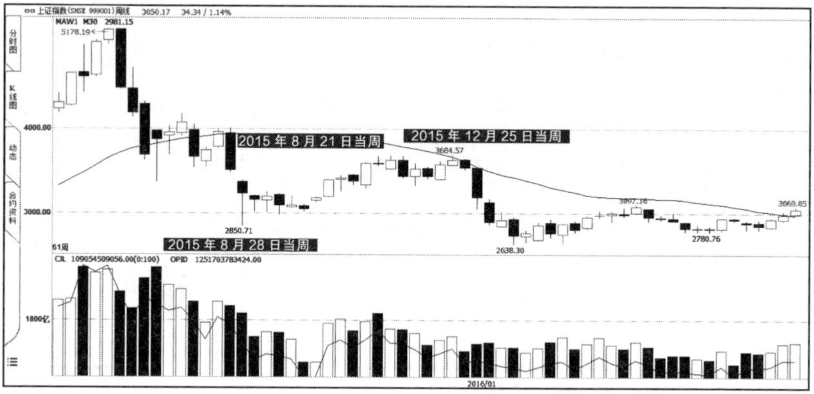

图 3-11　市场走势图

我们再来按照新股的反弹时间将上述 12 只新股进行重新排列，见表 3-6。

表 3-6　2015 年暴涨新股反弹情况

股票代码	暴涨新股	反弹情况
300467	迅游科技	2015 年 7 月 9 日跌至最低价 41.61 元之后，持续反弹至 2015 年 12 月 4 日最高价 126.95 元
300364	中文在线	2015 年 7 月 20 日跌至最低价 30.04 元之后，持续反弹至 2015 年 11 月 26 日最高价 126.70 元
002739	万达院线	2015 年 8 月 26 日跌至最低价 66.30 元之后，持续反弹至 2015 年 12 月 21 日最高价 139.20 元
603678	火炬电子	2015 年 8 月 26 日跌至最低价 52.70 元之后，持续反弹至 2015 年 11 月 10 日最高价 108.80 元
300422	博世科	2015 年 9 月 2 日跌至最低价 23.44 元之后，持续反弹至 2015 年 11 月 12 日最高价 58.46 元

（续）

股票代码	暴涨新股	反弹情况
300431	暴风集团（原暴风科技）	2015 年 9 月 2 日跌至最低价 32.28 元之后，持续反弹至 2016 年 3 月 29 日最高价 114.98 元
300446	乐凯新材	2015 年 9 月 2 日跌至最低价 27.21 元之后，持续反弹至 2015 年 11 月 12 日最高价 72.94 元
603318	派思股份	2015 年 9 月 2 日跌至最低价 8.42 元之后，持续反弹至 2015 年 12 月 18 日最高价 21.14 元
002751	易尚展示	2015 年 9 月 2 日跌至最低价 26.44 元之后，持续反弹至 2015 年 11 月 26 日最高价 170.73 元
300451	创业软件	2015 年 9 月 15 日跌至最低价 25.57 元之后，持续反弹至 2015 年 11 月 12 日最高价 81.92 元
002747	埃斯顿	2015 年 9 月 15 日跌至最低价 16.22 元之后，持续反弹至 2015 年 11 月 20 日最高价 43.06 元
603600	永艺股份	2015 年 9 月 28 日跌至最低价 57.43 元之后，持续反弹至 2015 年 11 月 24 日最高价 98.36 元

在市场于 2015 年 8 月 28 日当周开始反弹之后，从表 3-6 看出，多数新股也正是从 8 月 26 日至 9 月中旬，陆续启动反弹。反弹的利润有多大，可以看出，最少的接近 2 倍，最多的比如易尚展示高达 5 倍。

当然，在这里要补充介绍第三种共振的一个情况，以免你在具体策略使用之中产生误解。笔者前期说过，不能在市场第四象限之中做多个股。那么，此时怎么又要说到第一次反弹可以做多呢？这是因为，（既然是高手进阶，笔者就要将高手策略都要讲清讲透）在市场第四象限之中，有时候存在反弹，有时候则不存在反弹。比如 2007 年 10 月，市场从最高点 6124.04，跌落至 2008 年 10 月最低点 1664.93，中间几乎没有反弹，只有 2008 年 4 月下旬至5月初，有过非常短暂的3周反弹，但幅度太小。请你注意，2015年8月至12月期间的反弹情况就不同了，反弹力度很大，反弹持续的时间也非常长。这就是笔者讲的一种特殊情况，是一种特殊时间窗口下的操作，在此就要有特殊的手段和方法，必须依靠慧眼和胆识。当然，风险因素仍然是第一位的，本金不可投入太大，可以利用小资金来试探这样一种反弹。

再次提醒的是，从整个趋势上看，除了在市场进入第四象限之后的第一次反弹，我们可以利用某些个股（比如前期暴涨过的新股）做一次反弹行情之外，其他时间，我们仍然要以观望或者入市做空为主。切记不可违背市场而逆势做多个股，即使再好的蓝筹股、绩优股也要忍痛割爱、暂且放下。你看，哪只基金在市场第四象限之中不是握有蓝筹股、绩优股，但是最后呈现在你眼前的，多数都是损失过半，有的甚至超过了80%。所以，对于这一点，一定牢记。

|第四章|

定增重组介入法

在本章中，我们将共同来学习如何介入定增重组类个股。在这里要说明的是，因为很容易发生暴涨暴跌，风险巨大，不是市场老手请勿参与。同时，请你千万不要意气用事，不要因为笔者这样说，不让你介入，你就非要参与进来，以较高低。

第一节　规则介入法

在这里，通过一个案例来开启这部分篇章。2014 年，有名股民提前布局龙生股份（002625），短短 40 个交易日斩获 3 亿元利润，获利手法值得我们深入研究。接下来，笔者将为你一步一步展开其中的奥秘。

2014 年 5 月 12 日（周一），龙生股份停牌，随后宣布筹划重大资产重组。让我们来看看停牌之前（2014 年 5 月 9 日）龙生股份的 K 线走势图（如图 4-1 所示）。我们可以注意到，在不考虑基本分析的前提下，仅就技术图形而言，不得不惊叹到此时龙生股份已经进入第二象限，具备上涨的可能性。从周线图上看，此时市场的整体走势还是如此令人失望（如图 4-2 所示）。两相对比，龙生股份较市场的走势如此之强，也说明其中隐藏的市场游资力量不容小觑。

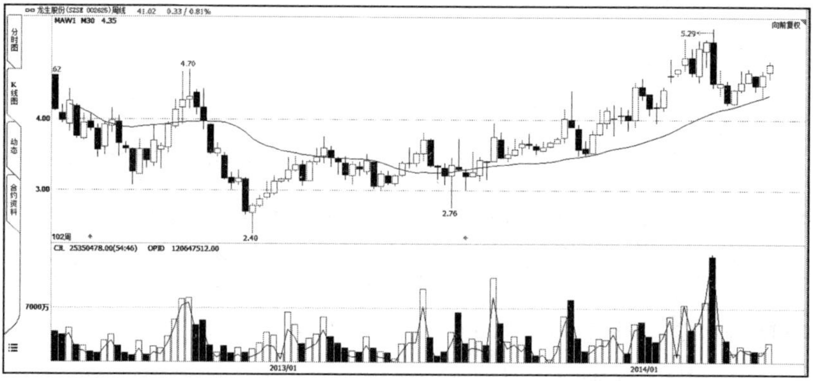

图 4-1　龙生股份在 2014 年 5 月 9 日之前的 K 线走势图

在停牌 3 个月之后，2014 年 8 月 18 日，龙生股份复牌，并发布公告称，龙生股份会同中介机构与被重组方进行了多次协商，就关键合作条件进行了深入讨论和沟通，最终仍未能就相关重要交易条款达成一致意见，预计不能在 2014 年 8 月 25 日前完成重大资产重组预案，所以终止本次重大资产重组。

如果你认为发布了终止公告就意味着此次事件的结束，那么你就太小瞧这只股票了。如图 4-3 所示，从龙生股份的日 K 线图上看，该股不仅没有因为重组破裂而下跌，反而还拉出了涨停，接着又连续上涨了两天。从这个层面上看，再次印证了市场游资的彪悍。对于这种彪悍的个股，我们需要格外关注。如果我们从图 4-4 上看，可以发现，该股在 8 月份复牌之后，紧跟市场上涨。

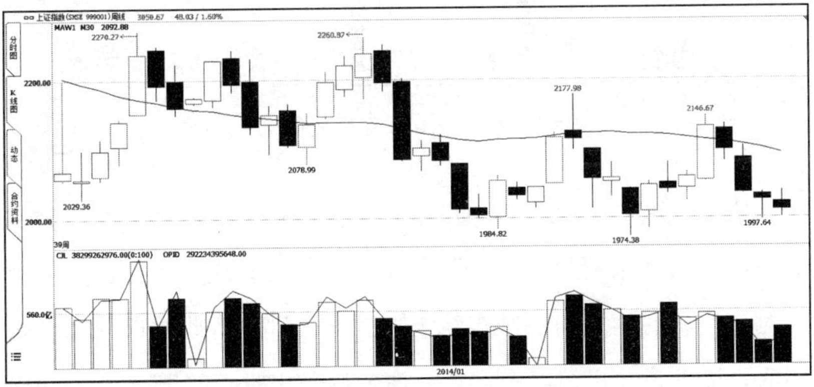

图 4-2　市场在 2014 年 5 月 9 日之前的 K 线走势图

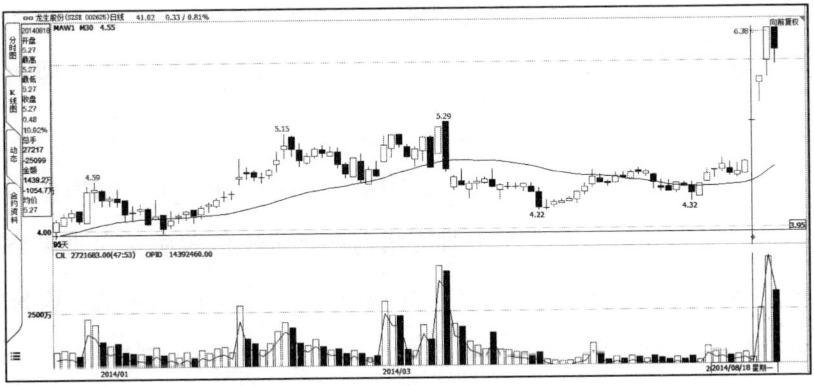

图 4-3　龙生股份在 2014 年 8 月 18 日复牌后的 K 线走势图

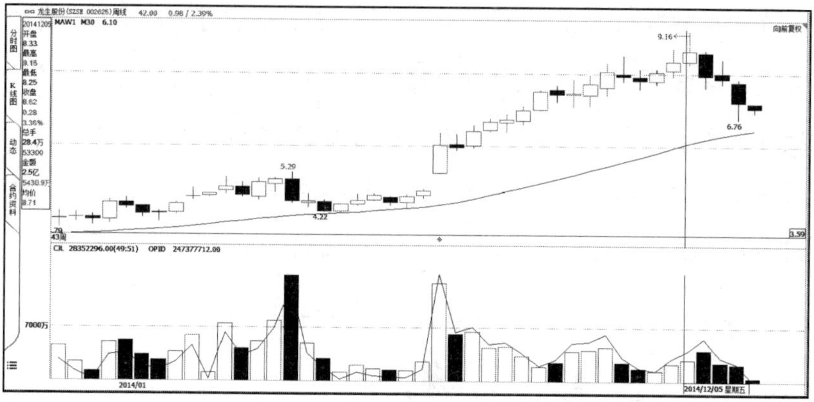

图 4-4　龙生股份在 2014 年年底的 K 线走势图

然而，如图 4-4 所示，龙生股份在 2014 年 12 月 5 日当周到达最高点 9.16 元之后，居然一路下跌，跌至最低点 6.76 元。我们同样对比这个时间段的市场走势（如图 4-5 所示），此时市场在一路暴涨。接下来，我们再来重新梳理一遍龙生股份的走势，在 2014 年 8 月 18 日复牌公告宣称重组失败之后，该股不仅没有暴跌反而暴涨。2014 年 12 月，多数个股都在一路暴涨之时，龙生股份居然连续暴跌。我们不禁要问了，市场游资到底在干什么！这给我们释放了一种什么样的信号？

现在我们将注意力放在前述案例中那名股民身上，如果我们是他，我们会怎么看待龙生股份目前的走势？从最后龙生股份公布的季报和年报来看，该股民 2014 年第三季度买入了龙生股份 264 万股，在第四季度市场火热而龙生股份股价暴跌的情况下，又加仓买入了 91 万股，合计达到 355 万股。

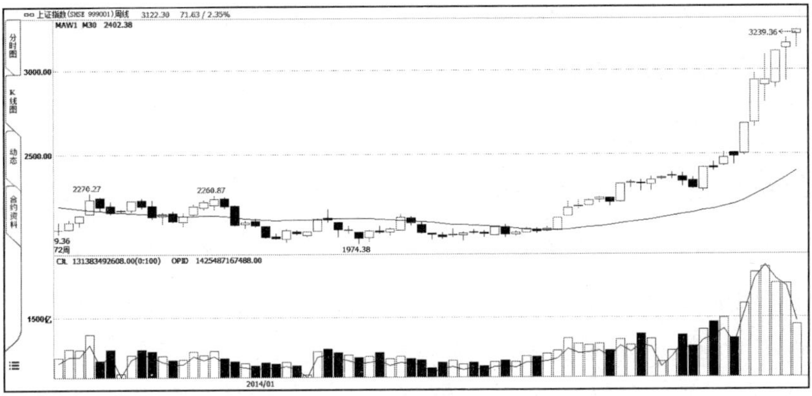

图 4-5　市场在 2014 年年底的 K 线走势图

任何一只股票的走势如果背离我们常识的判断，在大众认为应该上涨的时候出现下跌，在大众认为应该下跌的时候出现上涨。这种背离的情况就应该引起我们极大的关注。笔者认为，这就是我们跟踪和关注重大题材股的很好的一种路径。比如像龙生股份，之前透露出强烈的资本运作欲望和迹象，虽然终止重大资产重组，但从其股价后续走势上看，并不意味着它以后不再会有别的动作。我们需要理解，很多高手正是通过这些信息进而潜伏以等待下一次机会的来临，该股民也是深谙其中真谛的高手。

2014 年 12 月 31 日，龙生股份停牌，2015 年 3 月 26 日，重新复牌并宣布定增方案。方案的主要内容为，龙生股份向达孜映邦、光启空间技术等 10 名特定投资者发行不超过 10.07 亿股，募集不超过 72 亿元，全部用于投资超材料智能结构及装备产业化等项目。定增完成后，港股上市公司光启科学实际控制人刘若鹏成为龙生股份的新任“东家”。我们来搜索刘若鹏的身份，百度百科是这样介绍刘若鹏的：深圳新生代科技专家。龙生股份在 2014 年 3 月 26 日复牌后收获惊人的 19 个涨停，从同年 5 月 6 日又连续 6 个涨停，随后一度探至 95.70 元的高点。从 3 月 26 日复牌到 5 月 22 日，龙生股份股价累计上涨 1028.49%，短短 40 个交易日暴增 10 倍。之后，经过短暂调整，龙生股份再次暴涨至最高峰值 119.98 元，施建刚也因此一战成名。

这种高手的提前布局及时间介入窗口期值得我们思考。请你注意施建刚几次介入的时点，第一次是在龙生股份复牌公告重组失败后，在上涨时买入了 264 万股，第二次是在市场持续暴涨，而龙生股份却出现暴跌时买入了 91 万股。两次的买入点，均是在龙生股份的走势与我们的常识出现背离时进行买入的。当然，如果我们非要在龙生股份定增方案公布之后进行买入，你会发现，其复牌之后的走势根本没有给你机会，因为一直在涨停（如图 4-6 所示）。

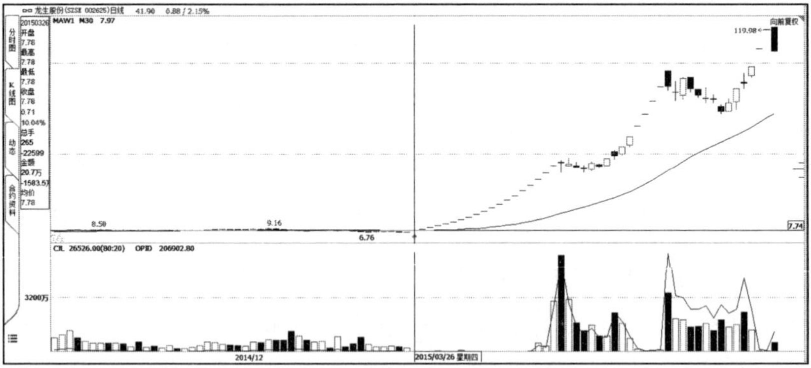

图 4-6　复牌之后，龙生股份持续涨停

除了在背离时提前布局这种介入方式之外，我们可以回忆一下，在本章的第二节，笔者向你介绍过南北两车合并重组的案例。值得注意的是，中国南车、中国北车在重组之前，没有丝毫的重组迹象，也没有像龙生股份一样有任何重组的公告，哪怕只是失败的公告也没有。对于这种情况，我们如何介入？实话实说，如果你没有真正的内部消息，那就只能在复牌之后才能买入。比如我们仍然以中国北车为例，如图 4-7 所示。2014 年 12 月 30 日，中国南车、中国北车发布合并预案，12 月 31 日立刻涨停，之后停牌至 2015 年 1 月 4 日。1 月 5 日，中国北车复牌，之后持续涨停，直至 1 月 12 日，当天跌幅超过 5%，收盘价为 10.83 元。此时你敢介入吗？如果你在当日买入，经过短暂的上涨之后，中国北车再次于 2 月 6 日跌落至相对低价 11.16 元，此后又一直围绕 MA30 进行波动。如果你抗住了下跌的压力，之后的收获将无与伦比，中国北车在 2015 年 4 月 20 日到达最高价 42.31 元。

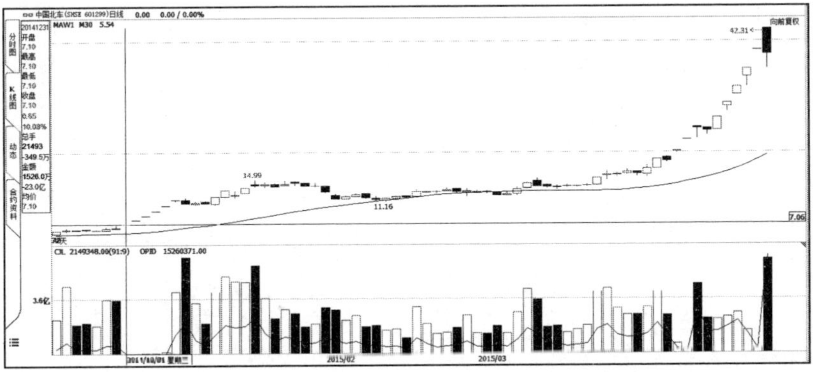

图 4-7 中国北车复牌之后的走势图

接下来，笔者要问你了，在上文介绍的龙生股份和中国北车因为是在市场进入第二象限之后，在市场的共振规则情形下，成功上涨的概率很大。那么，如果一旦存在与市场走势相背离的重大题材类个股，到底是否能够介入呢？比如市场在第四象限，我们是否还能够参与做多重大题材类个股呢？让我们紧接着看下节内容。

第二节　混沌介入法

让我们再次回到本书介绍过的两只妖股——广晟有色和成飞集成，继续从它们身上探寻其中隐藏的秘密。

如图 4-8 所示，广晟有色（此时为 ST 有色）在第四象限横盘多时之后，凭借 2010 年 4 月稀土行情开始上涨。请你注意，此时只是一般性的上涨，还未出现暴涨行情。实际上，该股第一次暴涨是在 2010 年 5 月 19 日，ST 有色成功摘帽，更名为广晟有色。如图 4-9 所示，我们注意观察，此时笔者使用的是日线图，在 5 月 19 日摘帽当天，广晟有色实际上是放量下跌的。从 5 月 21 日至 6 月 2 日，广晟有色走出九连阳，共收获 4 个涨停板，股价一跃超过 30 元。假设我们在摘帽当天这个时间窗口期买入广晟有色，那么当股价达到峰值，也就是 6 月 2 日的最高价 32.15 元，我们作何选择？卖或不卖？

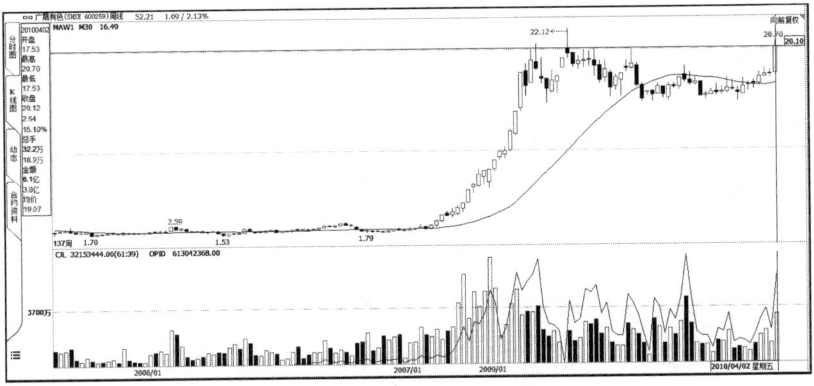

图 4-8 广晟有色在行情爆发前的走势图

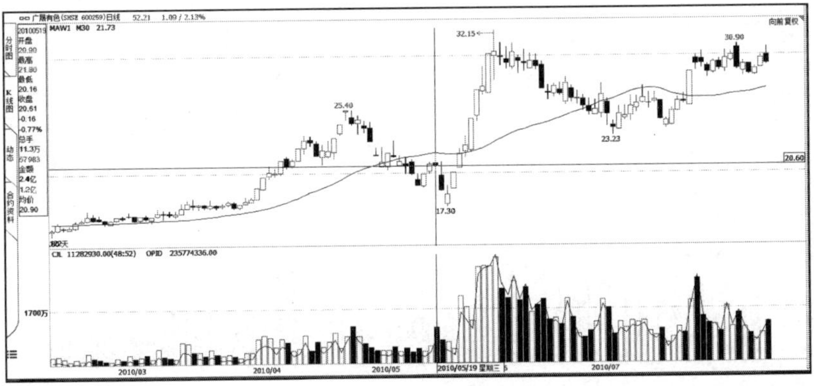

图 4-9 广晟有色在 2010 年 5 月 19 日的日线图

笔者相信，这确实是一个难以抉择的问题。如图 4-9 所示，广晟有色在成功上涨至 32.15 元之后，再次下跌至 23.23 元。让我们先把这个问题放一放，再次将视线转向此时的市场走势，来看一看市场的涨跌情况。如图 4-10 所示，4 月 23 日当周，市场 K 线跌破 MA30，此后一路暴跌，直至 7 月初到达低点 2319.74。由此，我们清楚可见市场已经进入第四象限，而此时广晟有色的走势与市场出现重大背离。笔者一再强调，凡有背离处，皆有亮点。如果我们再次结合前面所学知识，已经明晰目前广晟有色前期横盘的走势是第四象限和第一象限的重合，那么，2010 年 4 月之后的上涨即属于第二象限的上涨，涨幅才刚刚启动，还有什么可担心的。所以，这样我们就能更进一步明确 6 月之后的回调也不用担心，因为这皆处于第二象限的起点之处，涨幅序幕才刚刚打开。我们需要做的就是好好捂盘，不要轻易下车。

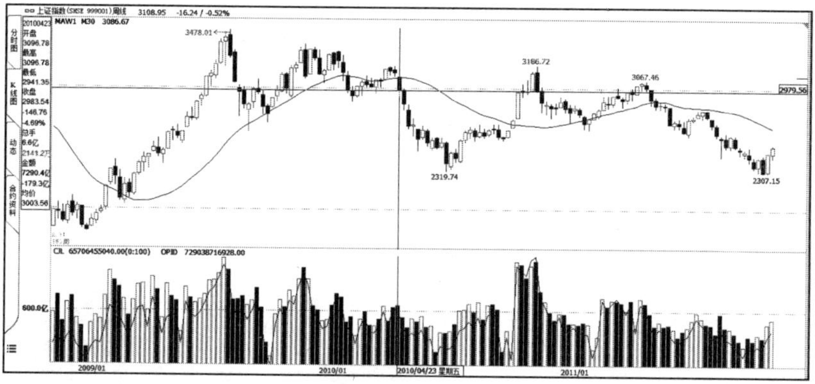

图 4-10　市场在 2010 年 4 月进入第四象限

2010 年 7 月 20 日，广晟有色发布公告称，拟以不高于 1250 万元的价格收购清远市嘉禾稀有金属有限公司简称清远嘉禾 30.5% 的股权，以进一步加强稀土业务。清远嘉禾的经营范围主要为生产、加工、销售各种稀土氧化物、金属、应用产品和稀有金属、有色金属等。这个题材恰恰是当时的热门题材，此事极大地加强了市场预期。同年 9 月 6 日，国务院发布《国务院关于促进企业兼并重组的意见》，提出稀土等行业作为兼并重组的重点，因而广晟有色的涨势更加一发不可收。如图 4-11 所示，在 2010 年 7 月 20 日公告发出之后，广晟有色一路暴涨至 2010 年 10 月 22 日当周最高点 101.37 元。

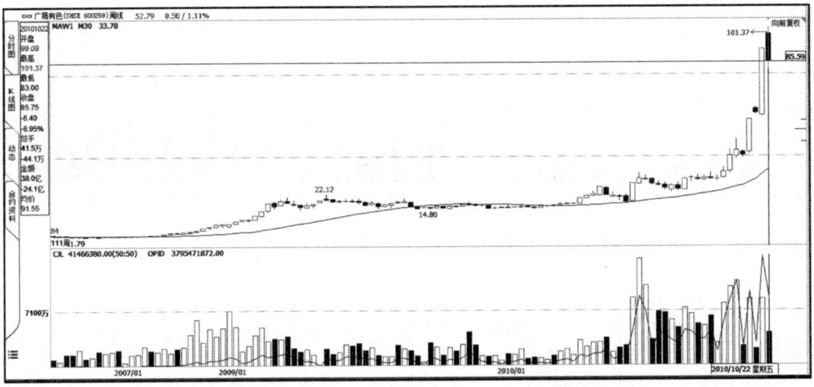

图 4-11　广晟有色在 2010 年 7 月之后一路暴涨至同年 10 月

多么鼓舞人心的上涨，这样的牛股才是我们应该去努力把握的方向。为了满足大家意犹未尽的期盼，在本节完结之前，让我们再来分析另外一只妖股——成飞集成，看看成飞集成能够给我们带来什么样的惊喜。

在前文中，笔者介绍过，2010 年 3 月 5 日之后，市场经历过非常短暂的横盘，到达相对高点 3181.66 点之后，跌破 MA30 进入第四象限，到达相对低点 2319.74 点，下跌幅度高达 800 余点（如图 2-10 所示），而此时的成飞集成居然走出了独立上涨行情。

我们再来回顾当时的情形，如图 4-12 所示。

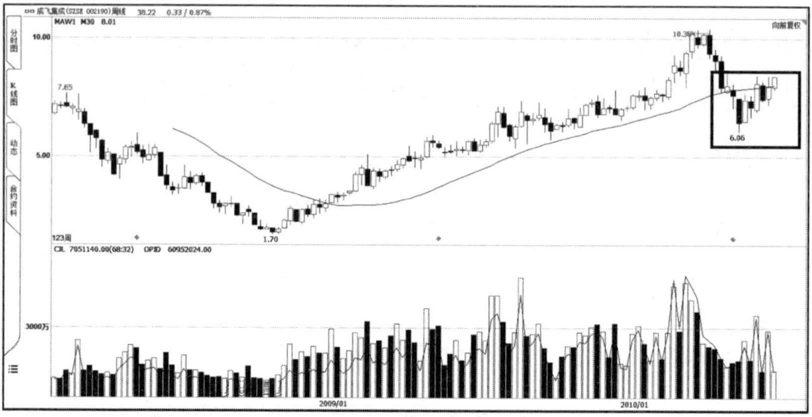

图 4-12 成飞集成走出了独立上涨行情

笔者提到过，如果个股应该进入第四象限，但是自身走势却持续在第四象限横盘，则具备极大的上涨潜力和动能，第四象限很有可能直接演变成第二象限，走上一波独立上涨的行情。这时，成飞集成恰好与市场的走势出现了背离，背离处有看点，需要引起我们极大的注意。但是，此时只能用潜力来形容，关键在于要“借得东风”，即需要有重大题材的配合。让我们耐心等待。2010 年 7 月 6 日，成飞集成发布公告称，拟不低于 9.70 元 / 股定向发行 1.06 亿股，募资不超过 10.2 亿元增资中航锂电（洛阳）有限公司建设锂离子动力电池项目。受此刺激，股价以连续涨停的方式踏上妖股之旅，最高价达到 39.79 元，如图 4-13 所示。

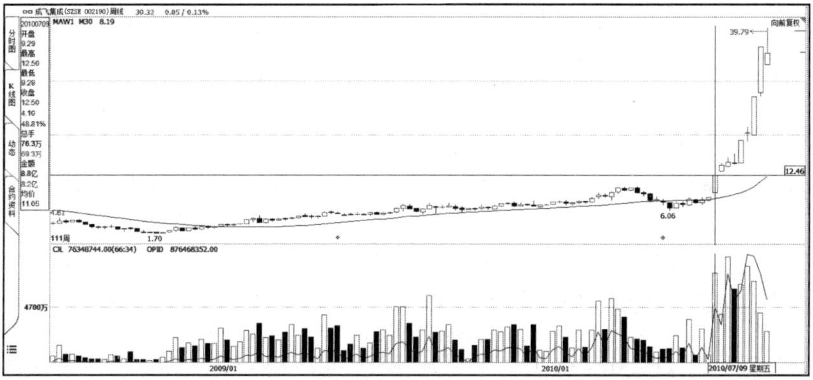

图 4-13　成飞集成在 2010 年 7 月之后进入暴涨

第三节　妖股的秘密

上面两节的内容非常重要，充分展现了重大题材类个股的秘密。按照惯例，笔者都会再次总结核心要点，本节更不能例外。笔者按照上文我们学习过的时间窗口、股本、一致性预期的内容，结合上面两节所讲的几只妖股的上涨过程，将其要点总结为以如下内容。

第一，个股的技术面要优于市场走势。我们必须承认一个事实就是，市场在进入第四象限暴跌之时，总会出现几只妖股背离市场的走势，产生暴涨行情。如果我们考虑在市场的第四象限去进行操作，除非是做空，否则就不要操作其他个股，而应该起潜心研究，按照上述的方法，将全部精力放在那些走出独立行情的个股之上。请你明确，炒作定增重组这类妖股，可以不用过多理会市场走势。这一点与我们投资其他个股需要参照市场走势完全不同，因为妖股毕竟是稀缺的，不管市场身处何处，走向何方，都会吸引市场上大量游资的极大关注。所以，我们做的第一步就是不用理会此时市场的走势，将注意力集中于那些自身走势在技术形态上已经进入第二象限的个股。搜罗这些个股形成股票池，持续关注它们的K线走势。当然，提醒你的是，这个股票池需要不断纳入技术形态上进入第二象限的个股，不断剔除后续跌破MA30的个股，从而始终保持股票池的更新调整。

第二，个股的基本面要配合其技术面的走势。形成这样一个股票池后，不等于股票池内所有的个股都会形成井喷爆发行情。真正的妖股，必须要有基本面，也就是有定增重组等重大题材的配合。这在上述几个案例之中，笔者已经强调过多次了。如果说量变产生质变，那么重大题材就是形成质变的那个最核心的要素，只有那些能够形成一致性做多预期的重大题材的出现，才能打破量变的临界点，最终形成质变的爆发行情。所以，我们同样必须高度关注你已经收集在股票池内个股的公告情况，从这些公告之中捕捉上市公司基本面的变化，捕捉是否存在定增重组等重大题材。

同时，我们要关注在行情启动前的个股价格。太高的价格一般很难拉动，所以市场游资一般在炒作这类个股时会选择价格在20元左右的个股。另外，盘面的大小（即个股发行量）也是一个重要因素。一般而言，价格低再加上盘面较小，也是市场游资的重要偏好。

第三，选择好的介入时机。这就是笔者在前文一直强调的时间窗口期，也是抓住这些定增重组等重大题材股的另外一个核心技术面。根据笔者的经验，对于这种买入时机的选择，如果我们结合时间窗口展示的规律，一般而言有两种介入方法。第一种是如同王亚伟、施建刚等人一样，一旦上市公司发布相关公告，立刻进入，提前埋伏，做好准备，不遇到爆发式行情坚决不出。这种操作方法适合资金量大的机构或者个人进行操作，不适合资金量较小的个人。主要原因在于，复牌之后，公告之事能否成功还很难说，而且一旦复牌之后公告之事失败，并非所有的个股都如龙生股份那样会彪悍上涨，部分个股甚至会出现暴跌，比如2014年2月26日，天润控股停牌。2014年6月10日，天润控股复牌，披露重组预案，标的公司为国内领先的集研发和运营于一体的体育类网络游戏开发商旭游网络，天润控股因此收获6个涨停。但是，同年8月29日，天润控股又再次发布公告宣称，重大资产重组方案可能会出现重大调整，公司申请停牌。12月26日，公司复牌，宣布终止重大资产重组事项，其股价随后有3个跌停。这时候，如果持有小资金该怎么办？能否忍受个股因为公告之事失败而造成的回调下跌？而且，天润控股实际上是从2014年2月就在谋划大事，一直到2014年年底都大事未成，持有小资金又怎能忍受这么长时间的资金占用。第二种就是笔者建议的小资金介入方法，等到公告之事确定成功（即事定）之后，只要个股的技术形态。还是在第二象限，那么就勇敢买入，唯一的风险就是需要承担追高的后果。相对于成功之后的高额利润，笔者建议这样做还是极具价值的，要鼓足勇气，敢于追高，控制风险。

比如 2015 年 3 月 26 日，龙生股份复牌宣布定增方案成功。从图 4-14 可以看到，龙生股份此时正处于第二象限，对我们来说这是非常好的开端。但是，核心问题在于，这种一致性预期不止我们看到，全市场的游资都会看到，都会入市疯狂抢购筹码，造成连续涨停。所以，如果非要入市，就必须等到涨停板打开。在这里，仍以龙生股份为例，如图 4-15 所示，在 3 月 26 日至 4 月 22 日之间，龙生股份连续拉出多个涨停，我们无法介入，只能耐心等待 4 月 23 日涨停板打开。请你注意，涨停板打开当天，放量下跌，你敢买吗！笔者在《行情分析进阶》中一再提到，市场游资或者主力要出货，必然需要一边拉升一边出货。那么，运用这种介入策略，对于小资金而言要吃的就是这最肥的一段。比如我们再来接着回顾中国北车的案例，如图 4-16 所示，如果我们在 2014 年 12 月 31 日中国南北两车合并重组方案宣告成功之后再择机进入，那么我们就需要耐心，等到 2015 年 1 月 12 日中国北车涨停板打开后才能买入，买入之后我们发现，K 线在经历一个涨幅达到 14.99 元后，还有一个较大的涨幅回落，回调至相对低点 11.16 元，但是紧接着中国北车就迎来了较大的涨幅，最高价达到 42.31 元。

我们再来看天润控股（现更名为天润数娱）的后续走势。2015 年 1 月 23 日，天润控股再度停牌；4 月 1 日，天润控股复牌，发布定增方案，宣布斥资 8 亿元收购移动网络游戏开发运营商上海点点乐信息科技有限公司，之后，天润控股一路暴涨。如图 4-17 所示，2015 年 4 月 1 日至 4 月 8 日，天润控股连续涨停，无法介入，只有等到 4 月 9 日涨停板打开才有机会买入，之后的走势在经历短暂横盘后开始拉升，最高价涨至 52.08 元。

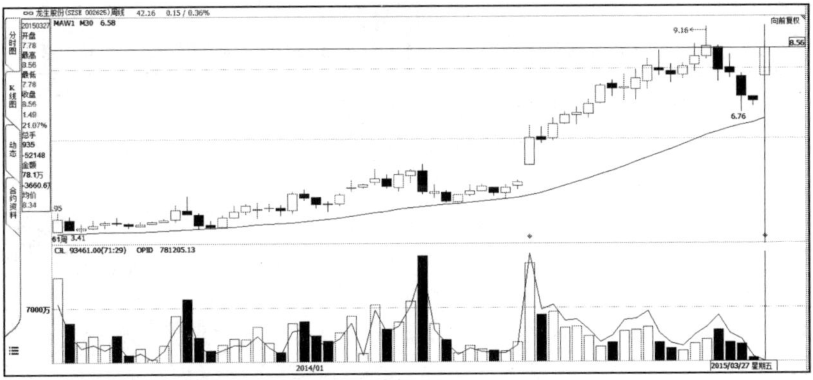

图 4-14 龙生股份复牌宣布定增方案成功时的周 K 线走势图

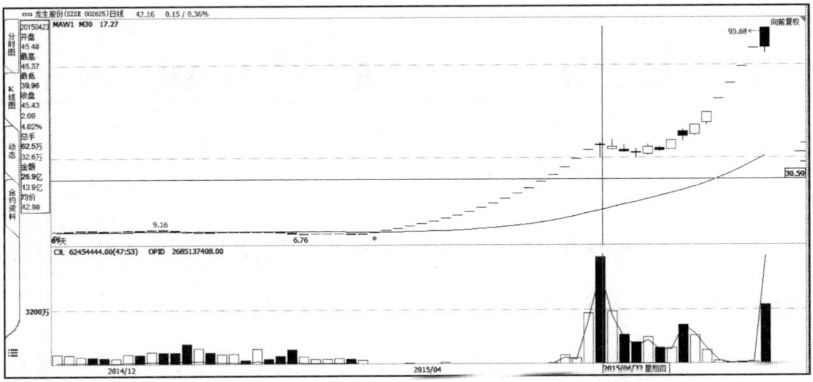

图 4-15 龙生股份复牌宣布定增方案成功时的日 K 线走势图

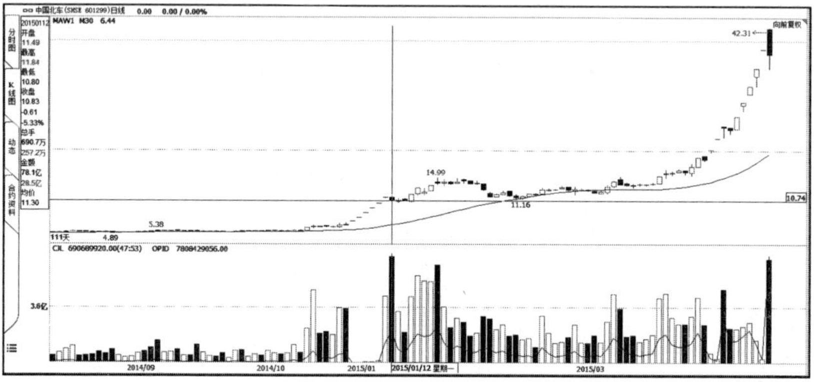

图 4-16　中国南车、中国北车合并重组方案公布之后，中国北车的日 K 线走势图

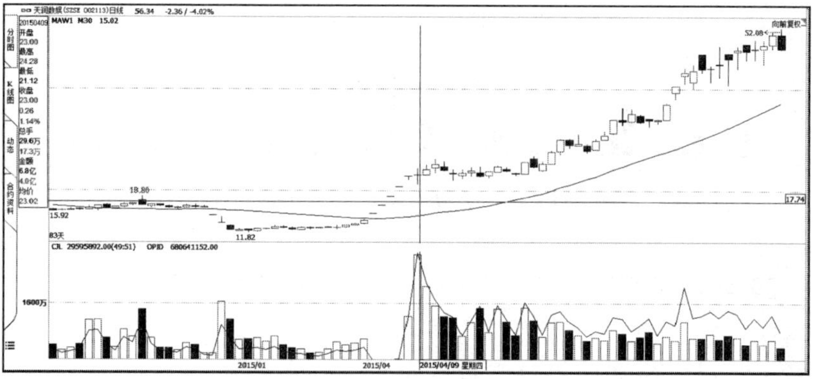

图 4-17　天润控股复牌宣布定增方案成功时的日 K 线走势图

对于这样的重组题材，虽然笔者的建议是要敢于冲锋，但是我们不能盲目冲锋，切记要控制好风险，最多拿出一半仓位进行操作，不可满仓，更不可杠杆，止损点应该设置在 20% 的位置较好。这样一来，就算是发生极限情况，将头寸全部亏损掉，也只

会损失全部资金的 10%，其他多数资金还在你的口袋之中，有机会择日再战。

第四，不要恋战。对于这类暴涨的重大题材类个股，从行情启动到最高点，一般时间都很短暂，我们千万不可恋战，千万不要幻想会一直上涨下去，一定要早做准备，及时平仓获利。这里有一种最为简单的平仓信号，即日 K 线跌破 MA30 就平仓。这种方法虽然无法捕捉到最高点，但是却能保住大部分利润，不失为一种非常稳妥的获利方法，如图 4-18 十字光标处所示。

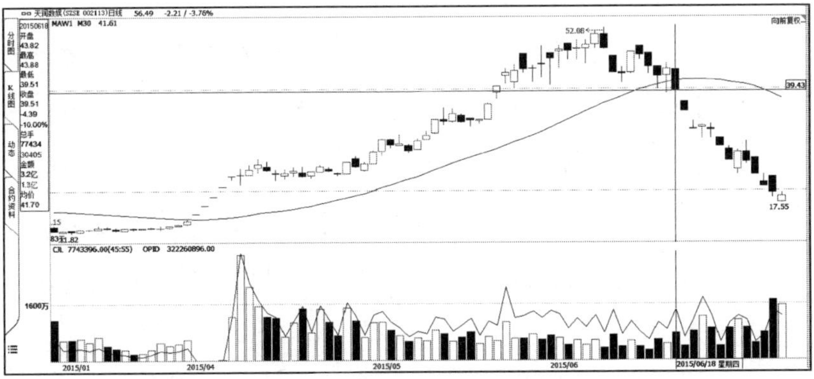

图 4-18　日线上 K 线一旦跌破 MA30，即刻平仓

在本节的最后，我们如果按照上文介绍的第二种方法，以上文介绍过的几只妖股为标的，对在公告之事事成之后打开涨停时介入至最高点的时间长度进行统计，我们将会发现一些规律。一言以蔽之就是，速战速决。

（1）天润控股。2015 年 4 月 9 日涨停板打开，2015 年 6 月 8

日到达最高价，历经 42 个交易日。

（2）中国北车。2015 年 1 月 12 日涨停板打开，2015 年 4 月 20 日到达最高价，历经 59 个交易日。

（3）龙生股份。2015 年 4 月 23 日涨停板打开，2015 年 6 月 3 日到达最高价，历经 29 个交易日。

（4）成飞集成。2010 年 7 月 7 日涨停板打开，2010 年 9 月 9 日到达最高价，历经 34 个交易日。

（5）广晟有色。2010 年 7 月 23 日涨停板打开，2010 年 10 月 18 日到达最高价，历经 53 个交易日。

从上述五只个股可以看出，这类题材的个股，暴涨周期一般都在 30 个交易日至 60 个交易日之间。这应该算是一个基本规律。

第五，这点非常重要，请你注意，这种定增重组重大题材类个股的盲利会随着众人的不断参与而消失，日后的发展趋势也只有在特定时期才会出现暴利，千万不可盲目投入、重仓投入，切记，切记！

第四节　尽职调查

本节主题仍然延续上一节的内容展开。在使用技术图形判断这类定增重组类个股的同时，我们需要高度重视这些个股的基本面，做好尽职调查。按照百度百科的解释，尽职调查是由中介机构在企业的配合下，对企业的历史数据和文档、管理人员的背景、市场风险、管理风险、技术风险和资金风险做全面深入的审核。尽职调查多发生在企业公开发行股票上市和企业收购以及基金管理中。从实践上看，很多专业机构确实也很重视尽职调查，但多数还是走马观花。当然，上市公司也会将其最美好的一面展现出来，看完、走完、谈完，实际上很多人还是没有多少了解。

作为投资者，我们去做的尽职调查跟这些中介机构完全不一样。我们要站在投资的角度，关注应该了解什么、何时去做，这是本节解决的重点内容。

首先来看何时去做尽职调查。机构投资者一般会选择在年报、季报公布之后，受邀一起结伴而去。这个时候，很多上市公司知道调研的行程，难免会做出一些花样，作秀的成分较多。对于投资者而言，特别是自己操作的投资者，如果是走马观花大可不必去，费时费力，特别是 A 股的上市公司现在有 3000 多家，每家都去确实不现实。笔者建议，应该将注意力集中在最合适的时机去最合适的上市公司，为了在投资前确定一些事件，而去做好一些尽职调查工作。

那么，何为最合适的时机和上市公司呢？如果我们结合本章前文所述，我们就能知道，上市公司在公布定增重组类事件之后，会有一段时间的停牌，少则一周，长则大半年。如果我们希望投资这些上市公司，就应该利用其停牌的时间，到实地去走访调研。现在高铁、飞机等交通工具很发达，而且时间不用很长，一周的时间足够了，在其停牌时去扎扎实实地做好尽职调查工作。

当然，到实地前，应该花上一定时间去熟悉整理一些必备的资料。具体说来就是，熟悉该上市公司的基本情况和财务状况。这在过去是一项费时费力的工作，比如我们熟知的巴菲特，他天天的主要工作就是研读不同公司的财务报表，从中“捡漏”。为什么我们从公开资料中看到巴菲特老先生现在投资的企业越来越少？年纪大了精力不济是一个重要原因，另一个原因则在于互联网时代，信息完全公开透明，利用原先信息不对称“捡漏”的机会越来越少。最重要的，再加上中介机构如各个券商的快速发展，了解上市公司各个方面的信息都可以利用网络来实现。

我们需要掌握的基本情况和财务状况，主要包括以下几个方面。一是管理层的基本状况。我们可以通过了解新闻媒体对这些管理层的报道介绍，了解其成长经历和发家路径，这些资料通过百度一般都能够得到。通过这样的一些报道，一般就能够对管理层有一个大致的了解。二是业务结构。我们必须熟悉了解该上市公司的商业模式和产品线，特别是要对该产品的上下游产业链有适当的了解。当然，因为很多人不是专业技术出身，隔行如隔山，我们对其生产的产品可能闻所未闻，熟悉了解存在一定困难。比如巨化股份（600160），其生产的无水氟化氢我们可能都没有见过，也根本搞不清是什么东西，但是这都不要紧，我们必须了解其商业模式，知道它的产能规模是一个什么样的水平，它的发展受制于什么因素。这些信息我们可以通过阅读券商的研究报告来掌握。三是财务状况。说到财务状况，很多人以为必须要通读市场全部的相关著作，才能掌握不同行业、不同个股的财务分析能力。其实，完全不用那么紧张，不用怕在分析时会遗漏关键信息，我们完全可以利用发达的网络资源。现在股票咨询行业的高度发达为我们很快掌握财务分析能力提供了便利，同样可以利用券商的研究报告来掌握。在这里，强烈推荐一款非常好用的研究报告系统——迈博汇金，免费安装、免费使用。我们可以通过迈博汇金搜索近来关于标的个股的各种分析报告，各个券商会从不同的方面对标的个股的财务状况进行不同角度的解读，拿来用就好。当然，也不排除个别无良分析师经常写一些垃圾报告，所以市场上鱼龙混杂的研究报告也很多。还是那句话，尽信书不如无书，财务分析能力是一种基本能力，虽然有很多券商的报告我们可以使用，但是我们还是不能偷懒，我们需要掌握最基本的财务分析相关知识。在这里，笔者推荐一本非常好的财务分析专业书籍，山西人民出版社出版发行的《财报就像一本故事书》，通俗易懂、好学。学完这本书，再来使用券商的研究报告，如虎添翼。

通过上面几项工作，我们基本上就能够弄清标的公司基本面的详细情况，为我们下一步深入实地做好尽职调查打下了坚实的基础。那么，在实地的尽职调查中我们又需要做好哪些工作呢？笔者的体会，具体说来，实地的尽职调查主要包括两个方面的情况。花开两朵，各表一枝。先来说第一种情况，如果我们在前期的基本面研究中，了解到标的公司确实财务状况良好，各方面发展正常，那么这是一个过去时。现在，我们去实地调研主要就是确定这样一个现在时，即在停牌期间标的公司情况照旧，一切正常。因为我们不是去为了做中长线，我们是去实地调研，所以只用确保标的公司的基本面在公告期、停牌期不会发生系统性风险即可，即标的公司没有发生问题，经营仍然有条不紊，一切正常——工人有活干，管理层正常运作，老板不是要跑路，没有发生大的冲突或矛盾。这主要是为了防范标的公司管理层故意利用重组定增来拉升股价乘机抛售。明知道公司不行了，故意放消息，投出烟幕弹，让投资者在高位接盘。这种事情在A股历史上不是没有发生过。所以，我们去调研，主要是为了确保这样一个底线——标的公司基本面的情况仍然良好，现在的重组是为了以后好上加好。这样一来，我们才能安心，回去投了钱也才能够安心。

还有一种情况是什么呢？就是标的公司生产经营恶化，各方面情况都不行，希望借助重组丑小鸭变天鹅，比如很多ST股就是借助重组来实现凤凰涅槃，一涨冲天。这种情况，我们是否需要实地调研呢？笔者的回答还是肯定的。虽然我们可能从标的公司的财务报表或者新闻报道之中了解到，标的公司确实是不行了。这样一来，我们去实地调研还有什么意义呢？可能工厂都停工了，工人都下岗了，管理层也分崩离析了。这样的公司还有什么好看的？笔者认为，如果是这样，那就更值得去现场了。在这种情况下，我们去调研，同样是为了确保一个底线，就是核心管理层，比如老总他们还没有放弃这个公司，还在为了这个公司想办法。

当然要听其言、观其行，最重要的是，我们要去实地走访了解，标的公司的核心管理层是不是真的为了这个公司的前途在想办法、在四处奔走，当地政府是否也在帮助该公司出政策、找“婆家”。如果管理层只是为了“破罐子破摔”，而政府也无意愿，任凭管理层去卖壳、故意搞出一些事情来，这样的公司也不值得我们去投资。这样的标的公司太不稳妥，就算投了钱，我们也睡不着。

当然，在这里还要补充一点，一定要避免一个误区，即带着嫁闺女、选女婿的心态去看待标的公司。“责人易，非己难”是人们普遍的一种心态。特别是，如果我们还是带着钱要去投资，更是容易产生高高在生的优越感，哪怕你可能投入的只是一笔小钱，也可能对标的公司这也不满意、那也不满意。然而，实事求是地说，这种心态最容易错失良机。我们最重要的还是坚持大的原则，往大的方向去看，看问题做事情不能钻牛角尖。什么叫作大的原则？就是确定底线思维，即笔者在上文叙述过的，如果标的公司财务报表数据良好，那么我们调研就是为了确认标的公司在停牌期间生产经营仍然一切正常；如果标的公司财务数据严重恶化，那么这时候我们的调研目的就变化了，换成确认标的公司为了改善经营状况而采取的一系列改革措施。

调研的方法也有两种。第一种是实地观察法，这种方法属于暗中调查。比如标的公司属于制造企业，那么最简单的方法就是实地观察标的公司毛利率最高的工厂，看看这些工厂门口货车的进出周转速度。货车进出工厂无非就是两件事情，一是为了送货，运进原材料；二是为了拉货，运出最终的成品。如果工厂始终没有多少货物运出，就说明工厂可能停工，生产存在较大问题。通过这种方法，大体上就能够对标的公司的情况摸清楚。

第二种是访谈法，多交朋友。交朋友很重要，对于摸清标的公司的真实情况具有重要作用那么，应与哪些人交朋友？笔者认为有这样几类人值得重视。一类是标的公司的一线员工。一线员工的精神状态非常重要，我们具体做访谈时，争取能够认识这样一些一线员工，听听他们对标的公司的评价是什么。当然，这些工人可能会有抱怨。这个不要紧，关键是看他们抱怨之后，是否还对标的公司充满信心。再听一听他们的工作安排，是否长期加班，这个造不了假。在访谈时，要注意方式方法，不要带有很明显的意图和倾向，让访谈对象产生警惕。一起吃吃饭，喝喝酒，交朋友，多尊重对方，很多情况不用你问，对方自然都会倾吐。另外一类则是当地银行之中负责标的公司的客户经理。笔者在《行情分析进阶》之中介绍过，我们国家的资金力量主要集中在银行，企业需要发展、扩大生产主要通过银行贷款，而且企业需要开展票据等业务。没有银行的支持，企业根本无法壮大。所以，可以这样说，银行之中的资深客户经理，只要稍微用点心、从业时间长一些，都是能人，对所服务的企业可谓知根知底，从上到下的情况都会了解。我们去当地调研，需要借助这些当地银行客户经理的信息，要善于同他们打交道、交朋友。这些客户经理都是“老江湖”，多听听他们对标的公司的评价，了解标的公司在银行的贷款情况和票据情况，是否存在逾期的情况，票据流转是否正常。这些信息不会像财务数据停留在纸面上那样显而易见，很多信息都是“无字之书”，要靠你自己想办法去挖掘，但是最终的结果一定会让你受益匪浅。还有就是，当地政府部门。重点是那些与标的公司经常打交道的部门和职能要害部门，它们最了解标的公司的生产经营情况和政府支持情况，从中也可以看出标的公司的基本运营状况。

|第五章|

投资系统

第一节　综　　述

进阶，自然是为了成为高手。如何进阶成高手，实现自身盈利的重复性和可控性，是贯穿本书的唯一目的。“不谋全局者，不足谋一域”。笔者由十几年的投资经验体悟到，使用系统化的投资决策才是将本书内容有效实践的王道。这就好比，现在我们面前已经有了一桌丰盛的大餐，如何吃到嘴里，就需要动手、拾筷、入口、咀嚼、吞咽一整套动作。依此类比，现在我们已经有了一套非常好的投资策略，如何能够把钱赚到荷包里来，也必须建立一套行之有效的动作来配合，我们将这套动作就取名为投资系统。这是我们最终实现成功、迈向投资自由的关键。

从本章开始，笔者将会帮助你建立一套投资系统，并按照此系统完成整个投资流程。笔者希望帮助你建立的这套方便可行的投资系统，无论你日后在哪个市场进行投资（A股、美股或外汇、黄金等），均能一以贯之。当然，任何品种或者市场的投资，所对应建立起来的投资系统，其效率和回报都必须涵盖整个投资流程。所以，投资流程和投资系统必须一一对应。

现在，我们直奔主题。投资系统建立的第一步是行情分析。在《行情分析进阶》之中，我们研究了如何做好市场的行情分析，但笔者深知还不彻底。在本书的第二章和第三章，笔者又从如何由林而木以及从市场行情分析深入个股的行情分析进行了解读。在这里补充一句，如果你还不清楚笔者独创的全球要素基本分析法和“四象限行情定位分析法”，建议你回到《行情分析进阶》之中补齐功课，因为我们从市场到个股的行情分析内容都是一以贯之，自成系统的。

在解决完第一步个股行情分析后，我们要将注意力放在其他三个不为人所知的步骤上来。这三个步骤绝对是我们平时的盲点所在。笔者一再强调，大众的盲点是超额利润的来源，是盲利。盲利才是盈利的王道。什么叫作盲利？就是别人不重视的，你需要格外重视；别人重视的，你要有所了解。这才是我们获胜的法宝。所以，投资要采用盲利模式。在别人都在重视第一步行情分析预测时，你不仅仅要关心于此，后续的三个步骤也相当重要。要想在投资领域长久盈利，这四个步骤皆不可或缺。

接下来，我们将重点放到投资系统建立的第二步——资金管理上。根据第一步行情分析的结论，按照自己资金的状况，对仓位进行有效管理。具体说来就是，资金的入场点、加仓点、减仓点和最终的出场点。对仓位进行有效管理，也是众多投资者的盲点。请别小看这一步，这一步是我们能够实现暴利的关键。实现暴利有两个重要的方面，第一是我们前面提到的行情分析，要分析出暴利行情；第二就是要管理好资金。虽然有很多人都将注意力放在分析暴利行情上，但是如何不被洗盘出局也是必须做好的功课。

所以，对于做好资金管理的认识，需要“欲练此功，必先自宫”。“宫”的是落后的思想和思维方式，需要建立系统化的思维方式和先人一着、超人百步的思想。还是原来那句话，猪是天天吃，而狼则耐心等待。等待什么？一是等待行情趋势；二是等待入场点，然后果断加仓，在高点及时撤离方能成功。如果你能够完整地做到上述两步，认真做好行情分析和资金的管理，你基本上就已经胜过机构投资者和散户了。

投资系统建立的第三步是有效执行。我们一直强调知行合一，老话说得好，知易行难。在此步骤里，最难做到的就是对上述两步的坚守，对纪律的遵守。多数投资者，在具体投资的执行过程中，往往依靠自己的直觉对的投资决策进行纠正，导致无法一以贯之。这个时候，我们就需要凭借第四步投资总结来不断完善投资系统。完善的地方在哪里，不在于修正笔者为你讲述的行情分析和资金管理，而在于树立信心。有的时候，我们通常将执行归结于纪律，但是深层次的原因在于，我们自己内心的不自信，以及对成功的恐惧和潜意识里的抗拒，或者是执行的方法存在误区。以上四步，就是我们整个投资系统的架构，亦是本书帮助你成为高手的唯一利器。利器不在于多，利器是插入敌人内部的尖兵，简单有效方是根本。

在本节的最后，简单地谈一谈笔者对量化投资系统或者说是程序化投资系统的认识。在现代金融发展过程中，随着计算机技术和网络科技的迅猛发展，越来越多的机构采取了依靠计算机软件识别交易信号的量化投资系统。笔者认为，这一模式的初衷和方向是好的，毕竟有了一套强大的投资系统，可以有效对抗人性的弱点。比如，在第二象限之中，交易信号明明出现，但是投资者自身勇气、信心或者经验不足，很难执行既有策略。量化投资系统则不然，一旦出现交易信号，分秒必争，马上执行。

所以，量化投资系统的优点很直接，但是缺点也很直接，就是不具备灵活性。笔者从《行情分析进阶》起就一再告诫你，从古至今，投资从来都是脑与脑的对抗，不是简单的线性逻辑产物。量化投资系统，很容易就把投资原本应当主观分析出的产物，人为机械地固化成为一种软件模式下的线性逻辑产物。而且，量化投资涉及大量的数学算法和公式模型，后续又涉及编程和方程式，程序烦琐复杂，极不适应个人投资者。笔者还是建议你，要将重点放在我们自己身上，因为人体本身就是一种很好的操作系统。人工智能再怎么智能或先进，也无非只是在模拟人类，目前超越的地方也只是在应对数据处理上面。更何况，在投资这种存在极大欺骗、诱惑的领域中，笔者认为，人工智能永远无法做到像AlphaGo那样超越人类自身。刚才提到过，笔者认为量化投资系统唯一比人类有优势的地方就在于执行这个环节，如果有意训练，克服这一环节只是时间上的问题。

相信我们自己能够做好，投资系统很重要！

第二节 资金管理的原则

从本节开始，我们进入非常核心的一个环节，资金管理。什么叫作资金管理？这很简单，不是那么复杂的道理。从浅层次来说，就是我们入市前做好资金的分配，入市时降低资金成本，入市后管控好风险；从深层次来说，则是生存艺术，如何在股市之中生存下来，并有机会重新翻盘直至获胜。

纵观市场，人人都在重视资金管理，但少有人将这一点提升到生存的高度。为什么笔者要将资金管理提升到生存艺术。黑格尔曾经说过："我们从历史中得到的唯一的教训就是我们从没有从历史中得到过教训。"资金管理即是如此。当市场不断重复再现因为没有重视资金管理而发生的各种悲欢离合，比如破产、离婚、跳楼，但是少有人真正地从别人失败的历史案例中吸取教训，所以股市之中各种悲剧的历史总是不断地重复上演。

笔者在这里告诉你，有数据统计，2015年全国有50万~60万的中产阶级在股市震荡暴跌中被消灭。被消灭的意思是什么，即原来的中产殷实家庭几天之间可能所剩无几，沦为赤贫。可能你会说，你不会是这其中的一个。这些中产家庭在进入股市前，哪个又会说自己到股市是来赔本的呢！笔者为此深深担忧，劝诫你切莫轻看此事。“百尺竿头望九州，前人田土后人收。后人收后休欢喜，更有收人在后头”，即是说，在股市，唯有小心才能使得万年船。

所以，要想成为高手，活下来是第一要义。为什么很多人并不以为然，关键是你的资金量还太小。比如你投入的本金是 1 万元，亏损 10% 也才 1000 元，但如果将你控制的本金扩大 100 倍，亏损 10% 就是 10 万元，这个时候估计你就会觉得有点痛了。如果我们再将本金扩大到 1 万倍，即本金达到 1 亿元，如果再亏损 10%，也就是 1000 万元。如果亏了 1000 万元，估计一般人会发疯，更何况如果这 1000 万元是借来的，拿什么来还！这个道理笔者在前文已经完整叙述过了。但是，值得注意的是，如果你是配资或者是向银行借款，说小一点，就比如你只借了 1 万元，即使只是出现轻微亏损，人的天性使然，必定会驱使你产生更大风险的报复性交易，期望挽回损失，甚至还妄图获利。这是人类数百万年进化的必然结果，也是众多投资者亏损后的必然反应。

所以，如果全部本金是你的自有资金那么还好，心理上还能接受，即使全部亏完，还不至于有外债，无债一身轻，大不了重新攒钱再来。如果把借款亏损了怎么办？四个字，夜不能寐。很多人因为没有这方面的经历，不知道这样的痛苦。佛教里面有一个非常好的法门，叫作观想，就是在做什么事情之前，首先观想这件事可能会出现的不好的方面。那么，笔者就建议你如果要借款炒股，首先要观想一旦亏损怎么办，但是千万不要想你借款炒股博一把还能够成功。把别人成功的故事安在自己身上，这都是不切实际的妄想，实践证明这种事情成功的概率近乎为零。笔者强烈建议你，一定要把“不要借款”这一条贴在自己的电脑前，常常提醒自己，一定要管好自己的手。

你会说，巴菲特还直接动用保险资金放大杠杆，索罗斯更是如此。你要注意，他们是什么时候动用别人资金来进行投资的？都是在他们的投资策略、投资经验、投资系统非常成熟之后，也就是他们在成为高手之后，才利用别人的资金来扩大规模。同时，他们均是以机构的名义进行背书，即使出现亏损也不至于使用自己的资金进行偿还。当然，如果出现这种情况，他们也会背负一定的法律责任。所以，如果你目前还不是高手，还只是一名单打独斗的投资者，暂时也不能做到像他们一样背后有机构支撑的力量，笔者深深建议，起点最为重要，刚开始一定要把每一分钱当作每一百元钱来珍惜。这些都是你的粮草，一切要以不亏损、不赔钱为前提，高度重视每一笔投资。

聪明的投资者都是从小资金越滚越大，千万不要着急。更何况，从A股发展的周期上看，一般7年才会有一波大行情。没有大行情的时候，最应该做的就是存钱，为日后第二象限的到来，想方设法积攒资金。比如，一般投资者每年从自己的工资收入中积攒 5 万元应该不难，那么等到第二象限到来时，少说也应该积攒了 30 余万元。笔者一再强调，第二象限到来之时，最低的盈利目标也应该有 5 倍，资金上升到 150 万元不是问题，先把第一桶金弄到手，作为后续更大目标的起点。在这个起点上，你不能输，输了想成为高手只能说是南柯一梦。我们要有这个信心和目标，从现在开始就老老实实为下一个第二象限大行情进行资金储备。在这里补充一句，既然是资金储备也就容不得任何损失，你不能把这些宝贵的资金去买了理财产品。笔者建议，就按照最简单的方法，每个月拿出可利用资金的 30% 到银行进行零存整取。现在，美元指数正在恢复上涨，也可以拿出一部分资金换成美元现金来防止货币贬值。总之，坚持一条，即现金为王，不要让这些储备资金有一丝一毫的风险，为日后第二象限储备粮草，稳扎稳打。我们必须知道，有备而战也是我们投资的王道。

在这里要补充说明，如果你日后在股票市场已经将投资策略和投资系统磨炼成型，也积攒了第一桶金。笔者对你下一步的建议仍然是不要借款，更不要再从你的工资收入中支取资金投入股市，你的工资收入应该保留起来作为生活开支和应对重大疾病、孩子教育之用，确保这部分资金没有任何风险，就用你的第一桶金来攫取更大的利润。能否加大杠杆，笔者建议如果第二象限到来之后，可以使用配资加大杠杆。而且，笔者强烈建议，有了成熟的经验和系统之后，要扩大视野，心怀全球，投资要有全球观。刚开始第一步，要把从投资 A 股的经验扩大到美股、港股的投资上，之后的第二步，要熟练掌握国际期货市场、期权市场、外汇市场的交易。谈到外汇市场，大多数人会想到其中的第一高手自然是因为英镑而一战成名的索罗斯。就影响而言，索罗斯确实是单枪匹马战胜了英国央行，这也的确是对冲基金的辉煌一幕；但是就盈利而言，股票高手巴菲特在外汇投资上的收益也绝不逊色。在 2006 年给股东的信中，巴菲特披露了其从 2002 年开始就建立了大量的外汇头寸，直至 2006 年才全部清空。而这些外汇头寸，为伯克希尔－哈撒韦带来了整整 22 亿美元的利润，其中仅欧元一项获利就高达 8.39 亿美元。当然，炒作国际市场的投资品种不单单是为了赚钱，因为国际上各个投资品种都有相互联动的作用，牵一发而动全身，熟练掌握每个投资品种可以帮助自己最大程度地理解全球投资格局，做出更为全面的投资判断。

第三节　象限资金管理策略

什么叫作象限资金管理策略？说来很简单，就是依据《行情分析进阶》和本书所阐明的四象限行情特征，充分利用这四个象限的投资策略，依据技术图形，在行情开始启动时，把握资金的入场点、加仓点，在正确的时机入场和加仓，同时在行情即将结束时，及时减仓，直到全部平仓获利。因为本节涉及大量的关于“四象限行情定位分析法”的内容，如果你还不熟悉，建议重新温习。

通过对《行情分析进阶》的学习，你应该已经能够轻松拿起图表对市场和个股的走势进行精确定位，分辨良莠，也不再盲目听信他人给你的意见。哪些是第一象限，哪些是第二象限，哪些个股存在极大的暴涨可能，而哪些个股则仍然延续上下震荡，现在你应该都能妥当应对。笔者已经帮助你搭建起非常稳固的基座，并且在本书第三章中，笔者再次讲述了如何从上千只个股中挑选出具备最大上涨潜力的重大题材类个股，避免了你深陷买入什么的难题。那么，接下来，我们就需要关注这些重大题材类个股的最佳买点、资金最佳入场点在哪里，何时买入。

我们来看最佳的买入点，即市场进入第二象限之后，我们开始选择一致性做多预期的重大题材类个股。正如笔者在第三章的分析，这样的个股类型非常之多。笔者在这里仍以 2014 年 11 月的这波牛市行情为例进行分析，其中存在以下问题值得我们认真思考。笔者一再强调，通过技术分析和基本分析的综合判断，我们可以顺利得出，市场是在 2014 年 11 月左右开始进入第二象限。当然，你可能认为笔者分析的时间段严重滞后，因为从技术图形上看（如图 5-1 所示），市场 K 线实际上是在 7 月下旬突破 MA30 进入第二象限。

那么，市场到底是在何时进入第二象限的呢？关于这一判断，笔者在《行情分析进阶》之中进行过详细分析。如果我们单从技术图形上看，市场确实是在 7 月进入第二象限，但是笔者认为，没有基本分析的印证，也只能称之为一场“夹生”行情。因为历史的无数次证明，这样的行情有可能仍然只是第一象限围绕 MA30

的上下震荡。所以笔者才提出，需要通过研究全球游资的动向，通过这种基本分析，再加上技术图形的配合才能真正确认第二象限已经到来。所以，这种分析方法必然会晚于技术图形。也正因如此，笔者对此的判断是，市场在2014年11月才进入第二象限，与技术图形显示的7月，整整晚了3个月的时间。

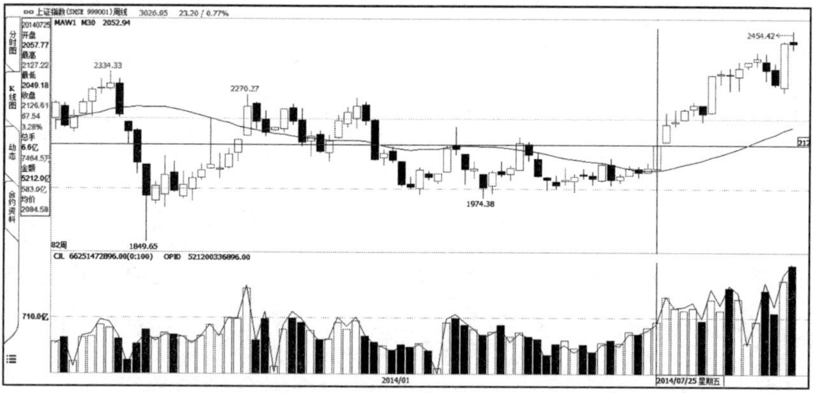

图 5-1 技术图形显示周K线在2014年7月25日当周突破MA30

晚了3个月的时间不要紧，关键是部分重大题材类个股可能已经先于我们对市场的判断暴涨上去，怎么办？比如笔者前期讲过的抚顺特钢，它的暴涨时间还要更早——2014年6月开始启动。遇到这种情况我们如何处理？还需要追涨吗？答案是否定的。这就好比我们招手打车，已经有乘客的出租车一辆一辆地驶过，已经驶过的就让它过去吧，后面还会有不同的空载出租车过来。所以，一旦我们确定了市场进入第二象限，即使前期错过了一些暴涨的做多题材类个股也不要紧，你要相信，后续还会有更多的重大题材类个股即将抵达。你需要安心做好的一件事情就是，一旦重大题材爆发，立刻买入。

当然，这里可能会涉及追涨的问题，不过因为市场此时正处于第二象限，追涨也是合适的，一旦重大题材爆发出来，应该马上买入。这个时候，可以放心大胆地投入全部本金，全仓买入，但是每只个股的投入资金不应超过全部本金的 1/2。这里包含两方面内容。一是我们不应该将本金全部投入一只个股。“不怕一万，就怕万一”，万一不幸碰上“烂草莓”呢。我们不能排除这种情况的发生，不能期望事事都那么完美，一定要防范风险，谨防一着不慎，满盘皆输。所以，不要把全部身家都压过来去赌这个风险。二是买入的个股数量不能太多，适当分散即可。上文我们说到，不能把全部身家都压在一只个股上，“把鸡蛋全部放在一个篮子里”，但是也不能过于分散，就像巴菲特说过的：“不要只顾持有很多股票，只有最好的股票才值得买。就普通股来说，多不见得好。”那么，估计你还会问，到底持有几只股票较好。根据笔者的经验，持有个股的数量需要与你目前的本金总额一一对应。比如，对于本金在 10 万元以下而言，笔者建议不要超过两只，一只过少，三只过多，两只是比较合适的数量。对于本金在 100 万元左右而言，笔者认为，控制在三只为好。在 100 万元以上，笔者认为，最多持有五只，超过五只你绝对无法进行有效跟踪。你管理的股票越多，实际上你的压力也会越大，要想清楚了解每一只股票每天的变动情况，花费的时间也会越多；一旦出现问题，处理起来也会应接不暇。而且，根据交易心理学的统计，部分投资者存在明显的倾向就是，不断平仓那些获利明显的个股，而持续性地保留那些盈利不多，甚至出现亏损的个股，期望不断地平仓获利去补贴那些亏损个股账面的损失。

笔者对此给你三个建议。一是将每只股票当作你的唯一，如果有个股出现亏损，及时设置止损点，止损点设在买入成本的5%。你需要清楚地知道，第二象限不同于其他象限，出现亏损的个股情况少之又少，如果出现亏损，不要紧，后续还会有更棒的股票，盈利绝对不是问题。那么，就需要你下定决心，一定要在第一时间“处决”掉这种在第二象限都会出现亏损的个股。二是市场多年来有一个误区，它叫作板块轮动。在第二象限，也有很多的机构会这样宣传。不可否认，重大题材类个股确实是在不停变动，今天可能是高送转，明天可能是重大资产注入，后天可能是重大项目，这都有可能。这种轮动的操作策略不适合第二象限，笔者多次强调，在第二象限就是坚决捂股，看准了就坚决捂住，除非是股价跌破止损，不然就要坚决捂住，千万不能听信轮动的宣传。“丢了西瓜，捡了芝麻”，因小失大，平仓太早，反而失去了第二象限加速上涨带来的最丰盛的一段利润。三是要将本金平均分到每一只个股。很多投资者有一种错误的投资偏好就是，买入相同数量的个股，比如每只个股买入 1 万股，但是这些股票的价格不一，低价的可能有十几元一股，贵的也有可能是几十元一股。这样造成了平均分摊到每只股票的本金不一致，起不到任何分散风险的作用。正确的做法应该是，比如有本金 10 万元，计划持有两只个股，那么分摊到每只个股的金额就是 5 万元。我们假设第一只股是每股 10 元，那么就可以购买 5000 股，而第二只个股是每股 50 元，购买的数量就是 1000 股。

介绍完第二象限的主要资金管理策略，我们接着来看在第二象限（包括第三象限）非常值得操作的另外一个吃饭行情——打新股。正如笔者在前文重点介绍过的，打新的操作策略在第二象限尤其容易成功，利润率也并不低，属于风险低、收益高、成功率高的操作品种。操作打新特别要注意，打新成功后会有一定的锁定期，这个锁定期一定要提前计算好，最长不能超过第三象限到达第四象限。也就是说，新股上市时间不能晚于市场进入第四象限之后。这主要是为了规避市场的系统性风险：好不容易中签的个股，待到新股上市的第一天，因为市场已经进入第四象限而无法实现足够的暴利和上涨空间。当然，笔者在这里所说的并不是因为市场进入第四象限之后，新股上市第一天就一定会发生下跌，这种概率不好判断，但是笔者提醒你的是，笔者教授给你的是概率最高的获利方法。我们必须知道，市场进入第四象限之后，新股的收益率并不高，甚至会出上市当天收盘后下跌的情况。要想实现打新的暴利，一定要集中在第二象限和第三象限两个区间，这个时候除了新股上市当天会出现暴利，这会被市场主力一直抬庄上涨，收益率会更高。

在第二象限和第三象限之中，打新的资金安排多少最适宜操作？还是一句话，满仓操作。你既可以满仓打新，也可以拿出一部分资金用来打新，另一部分用来操作一致性做多预期的重大题材类个股。当然，因为打新成功的概率较小，而且资金有比较长的锁定期，笔者建议可以用1/3的资金打新，另外2/3的资金用来操作重大题材类个股。再次提醒你的是，对于打新的对象一定要做好深入研究，不是所有的新股都值得去投入，一定要确保两个方面。一是具有重大题材类的新股和小盘新股，最好两者能够相互结合；二是我们要有这样一个心理准备，热门新股自然中签率低，不可能运气这么好，每把都能抓上。但是，千万不要因此而丧失信心，更不要为了资金周转，转头去做一些中签率高的大盘股或者没有什么题材的新股。这些新股当然也能赚钱，关键是它们没办法实现暴利。在第二象限和第三象限你不抓紧时间攫取暴利，之后哪还有这么好的天赐良机。

讲完了最佳买入点，我们接着来谈加仓的问题。笔者研究过很长一段时间的加仓点，研究的结论就是，对于加仓点没有哪个部位是最佳的。市场之中，有一部分投资者采用技术图形来加仓，还有一部分投资者将资金分为十份，分步分段进行加仓，而更多的人则是胡乱加仓。笔者认为，不管如何加仓，唯一必须把握的就是不能因为加仓，反而极大地加高持仓成本价格，造成持有头寸的极大风险。比如，假设我们原来持有100股中国平安，成本价是30元，现价是50元。这样很好，现价与成本价之间存在20

元的价差，在第二象限可以安枕无忧。现在，你手上又积攒了一笔钱，有 5 万元之多，你就考虑要来加仓。你又以现价 50 元购买了 100 股。通过这次加仓，成本价一下子就被加高到 40 元，与现价之间的价差一下子就缩短至 10 元。如果此时个股还未到达第二象限的末期还好，一旦处于第二象限末期进入第三象限高位震荡，就会造成盈利头寸部位的巨大风险，股价稍微有波动，每股 10 元的利润就会化为乌有，甚至出现亏损。可能你对仅仅 10 元的利润没有感觉，因为笔者为了举例方便，所以简化了数据，如果我们将这些数据放大 1 万倍，那么每股的利润就高达 10 万元，你还能不重视！投资是门艺术，加仓更是如此，虽说笔者认为加仓没有最合适的部位，但是针对上述几个问题，笔者仍然建议有以下三个策略可以关注。

一是提前规划好加仓时机，一定不要等到第二象限末期和第三象限再去加仓。估计你会问，我们又如何判断整个第二象限行情的期限有多长，特别是我们也只能通过观察 K 线在高位上下震荡才能确认市场已经进入第三象限。如果依照这种方法，岂不误事！笔者在《行情分析进阶》之中对这个问题有过详尽叙述。笔者提出，通过判断宏观经济形势和市场走势的背离和共振，我们可以大致判断出来市场第二象限的时间长度。如果宏观经济差，而市场走势好，那么在这种背离的情况下，一般市场持续的第二象限时间也就在半年左右；如果宏观经济好，市场走势也非常好，那么两者形成共振，带来的市场第二象限时间也会相应拉长，可以长达 1 年之久。市场之中 90% 以上的个股行进趋势跟随市场走势，所以我们可以通过判断市场目前在第二象限所处的位置来判断个股的情况。这样一来，我们就能做到规划个股在第二象限之中的加仓时机。特别是，在《行情分析进阶》中，笔者也对市场顶部进行过技术分析，大家可以参考。

二是加仓的金额不宜过大。还是必须强调的是，有时候总是会有一些看起来不可能发生的小概率事件发生，它们往往发生在个别投资者的身上，所以千万不要把全部身家投入进来。笔者建议，再次投入的资金不应超过前期本金的一半，既是为防范风险，同时最重要的目的还是避免因为再次投入的资金量太大，从而人为推高持仓成本。可能你会问了，不要你投入太大，这样建议不是阻拦你赚钱吗？笔者再次提醒你，在市场第二象限，整个市场大众的情绪都被点燃，最关键的是要做到客观理性。笔者体会出市场最重要的一条经验就是，能做到“众人皆醉我独醒”，千万要控制住持仓成本。

三是加仓的操作方法，建议使用双屏交易战法。笔者一再提醒你，一定要控制持仓成本。实际上，巴菲特也在很多场合中说过这个问题，比如巴菲特说过的最有名的一句话：“在别人贪婪的时候恐惧，在别人恐惧的时候贪婪。”什么叫作别人恐惧的时候，当然就是股票下跌的时候，巴菲特最喜欢的就是股市暴跌，之后就是“买买买”。靠着这种方法，巴菲特不断降低他持有个股的成本，见表 5-1。

表 5-1 巴菲特持有股票的基本成本 单位：美元

股　　票	持有之日起至 1999 年股票收益	基本成本
可口可乐公司	200 000 000	6.50
吉列公司	96 000 000	6.25
富国银行	63 595 180	6.16
房地美公司	60 298 000	5.11
迪士尼	51 202 242	5.49
美国运通公司	50 536 900	29.09
CEICO	34 250 000	1.33

我们可以看看巴菲特发财起底的股票买价。公开资料显示，他回报率最高的几只股票，购买的时间前后跨度数年，甚至数十年，就是为了不断降低持仓成本。最值得笔者佩服的是，为了合适的价位，巴菲特平心静气，耐心等了迪士尼足足 30 年。

当然，因为笔者构架的整个投资策略和方法与巴菲特的完全不同，所以对此没有太大的比较，也不具备可比性。巴菲特的这种方法，却是给笔者创新加仓方法带来了巨大的启示，也就是下面将为你首次介绍的，双屏交易战法。为什么要降低持仓成本？就是为了实现利润最大化。那么，如何降低持仓成本呢？我们就要学习巴菲特，在目标个股下跌的时候大量加仓买入。这样起到了两方面的作用。一方面，通过加仓扩大了头寸规模；另一方面，通过在下跌时买入，我们可以实现降低持仓成本的目标。

接下来，让我们来看看图 5-2，笔者将通过中国平安这样一个典型案例来详细介绍双屏交易战法。

首先，我们来看第一屏，也就是在图 5-2 显示的 2014 年 12 月

12日当周的周线图。笔者在前文提到过，我们希望达成的两个目标：一是要加仓，扩大头寸；二是要同时降低持仓成本。怎么办？只有在阴线上加仓才能够实现这两个目标。你可能会问，直接在日线图中的阴线上加仓不就行了，何必使用第一屏的周线图，这不是多此一举吗！这是因为，笔者一再强调，加仓只有在第二象限才能使用，所以首先使用第一屏主要是为了帮助你确认这一过程，确认目前的行情是位于第二象限之中，最重要的是为了帮助你养好确认象限定位的习惯，形成惯例。

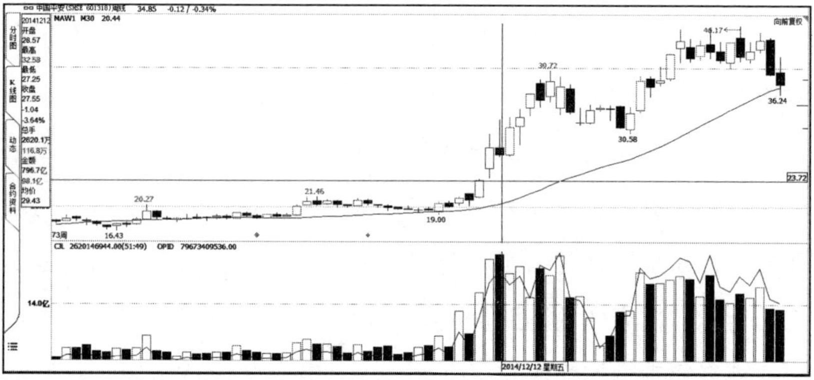

图 5-2 （第一屏）2014 年 12 月 12 日当周的周线图

所以，正确的步骤应该是以下几步。第一，个股在日线图上正处于下跌，这个时候就是窗口期，可以做好加仓的准备了。第二，使用第一屏，回到个股的周线图上，确认目前个股仍然处于第二象限。还是那句话，第二象限的末期还是要放弃加仓，千万不要再去操作。第三，使用第二屏，再次回到个股的日线图上，在利用日线的下跌之时进行加仓（如图 5-3 所示）。

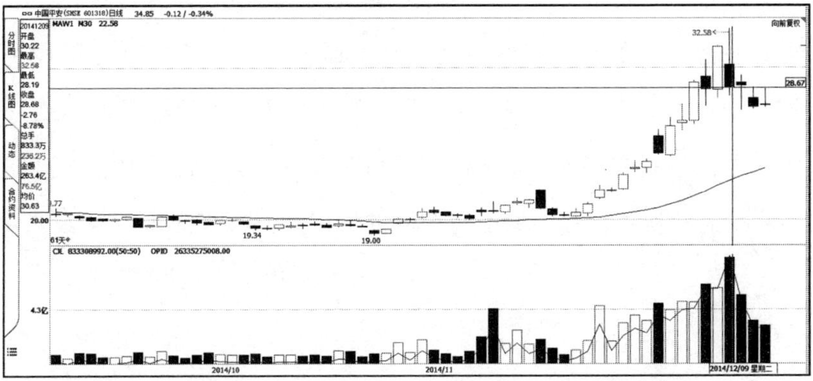

图 5-3 （第二屏）2014 年 12 月 12 日当周的日线图

前面我们已经谈到过入场点和加仓点，在本节的最后，来谈一谈非常重要的第四步，减仓点和出场点。其实这部分内容笔者已经在《行情分析进阶》之中进行过详细阐述，但在当时，因为我们并不是重点解决资金管理的问题，所以笔者并没有完全将其点破。在这里，我们可以结合这些内容再来回顾一下。最佳的减仓点，笔者认为，应该在市场进入第三象限时。必须强调的是，你不能因为你买的这些个股没有进入第三象限，仍然处于第二象限，就犹豫是否执行。可以非常肯定地说，一旦市场进入第三象限，特别是开始暴跌时，个股很容易受到市场的冲击，迅速表现出颓势，而随之进入第三象限。况且，笔者已经在《行情分析进阶》之中详细分析过市场进入第三象限之后的抓顶信号。按照这个信号，十有八九也能同步抓住个股顶部，因为笔者一再强调，市场

90% 以上的个股走势与市场走势相同。所以，一旦市场顶部出现，你可以即刻平仓全部头寸。当然，也可以为保守起见，开始减仓，至少平仓 70% 的头寸规模，剩余的 30% 头寸可以等到市场 K 线完全跌破 MA30 之时全部平仓。虽然这种策略笔者无法保证你能够百分之百平仓在最高点，抓住全部利润，但是我们至少能够抓住 70% 以上的利润，强力保证最丰厚的一段利润落袋为安。

|第六章|

空头的力量

第一节　做空的真相

在本节正式内容开始之前，笔者需要补充解释一点，按照第五章所述投资系统的流程，接下来，笔者应该要讲述投资系统的执行环节。但是，笔者考虑到，因为上一章节我们依次学习了市场位于第二象限、第三象限时，做多个股“进出加减”这四个步骤之中资金管理的各项技巧。那么，既然谈到资金管理就要讲清讲透，必须要将第四象限做空的资金管理策略同时囊括其中。资金管理永远是和行情分析策略紧密相连的，讲到资金管理策略就不能不详细讲述行情分析策略。所以，出于这样的考虑，在本章我们将重点学习做空行情的分析策略和资金管理策略。

首先来看什么叫做空。百度百科是这样来介绍做空的，“做空，又称空头、沽空（中国香港用语）、卖空（新加坡、马来西亚用语），是一种股票、期货等的投资术语，是股票、期货等市场的一种操作模式。与多头相对，理论上是先借贷卖出，再买进归还。做空是指预期未来行情下跌，将手中借入的股票按目前的价格卖出，待行情跌后买进再归还，获取差价利润。其交易行为特点为先卖后买。实际上有点像商业中的赊货交易模式。这种模式在价格下跌的波段中能够获利，就是先在高位借货进来卖出，等跌了之后再买进归还。比如预计某一股票未来会跌，就在当期价位高时借入此股票（实际交易是买入看跌的合约）卖出，再到股价跌到一定程度时买进，以现价还给卖方，产生的差价就是利润”。其实很好理解，做空和做多是两种相反的投资策略，做空者预期未来行情下跌，则将手中的股票按目前价格卖出，待行情跌后再买进原有头寸的股票，获取差价利润。

接下来，让我们将视线拉回至 2015 年 7 月 3 日当周（如图 6-1 所示），当时 K 线已经跌破 MA30。笔者在《行情分析进阶》之中曾经对这种情况有过详细的分析，一般而言，K 线跌向 MA30 之后，还会有一个在 MA30 上下波动的过程，之后再次以暴跌的形式跌破 MA30 正式进入第四象限。不论如何，在 7 月 3 日当周，我们有理由相信，此时市场已经处于第四象限的边缘，市场即将大跌。既然我们已经明晰做空的定义，那么就可以这样断定，第四象限将是做空者的天堂，做多者的地狱。

在 A 股之中，情况却并非如此简单。做空仍然只是少数人走的路。截至 2015 年 7 月 1 日，20 350.7 亿元的融资融券余额中，做多的融资余额仍然高达 20 303.4 亿元，做空的融券余额却仅仅只有 47.3 亿元。根据我们对四象限的定位分析，当时的市场即将出现暴跌机会，而做空的融券总额却如此之低，那只能说明 A 股之中很多人对做空存在极大地误解。

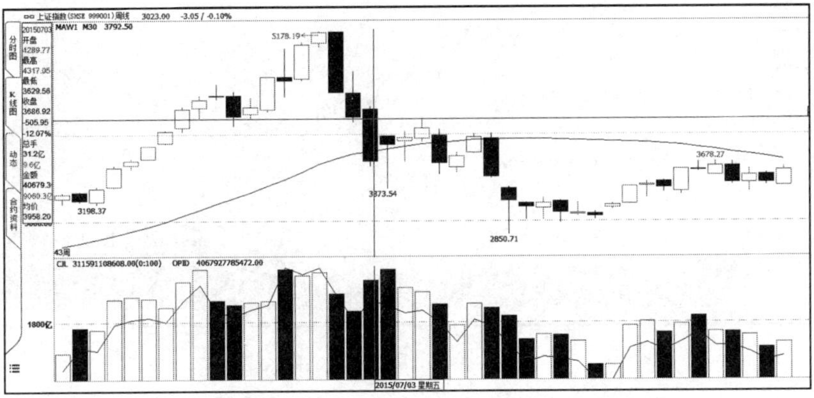

图 6-1　2015 年 7 月 3 日当周市场走势情况

第一，做空不等于看空中国经济。笔者一再强调，无论是市场还是个股，均由四个象限组成，走完了前面三个象限，进入第四象限下跌，是市场和个股自身的宿命。这点无法改变，也是不可能去改变的，这是由股票自身性质决定的必然产物。因为，有涨必有跌，有买就会有卖。盈利了就会有人平仓离场，后续又会有人进场接盘。即使我们不去做空，市场和个股进入第四象限之后也必然会下跌，甚至发生暴跌。比如我们来看 2007 年市场进入第四象限后的下跌。2007 年暴跌时还不曾听说有做空发生，因为当时没有放开做空机制，但是当时发生的暴跌程度较 2015 年有过之而无不及（如图 6-2 所示）。那我们又作何解释呢？

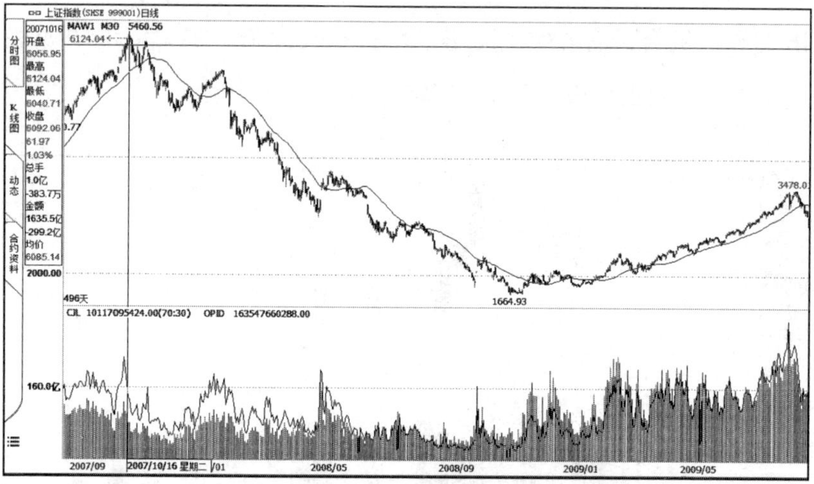

图 6-2　2007 年 10 月之后的市场走势图

所以，笔者认为，市场在第三象限末期筑顶之后，一直到进入第四象限的这段时期，下跌是市场的必然宿命，我们做空并非是看空经济、造成恐慌，仍然只是一段搭便车行情。笔者前面提到过，我们利用第二象限做多同样是一段搭便车行情。所以，从这个意义上讲，做多第二象限和做空第四象限（包括第三象限末期的一段）性质都一样，都是搭便车，不同的地方在于，双方的操作部位不一致——第二象限是做多，第四象限是做空。

当然，笔者这样讲不是为境外势力翻案，只是想告诉你，做空是市场应有的功能，做空也是市场主体的权力，也是投资获利的一种方法，我们不能盲目排斥这一操作品种。笔者也坚决认为，境外势力利用下跌时机，有意制造我国经济恐慌、有意抹黑我国A股市场是天理不容的，笔者已经在《行情分析进阶》中对其进行了揭露和批判。当境外势力恶意做空伤害到一个国家的金融稳定时，回击就是必须的，我们必须团结起来捍卫和保障国家的金融安全。

第二，做空股票不等于做空个股基本面。监管层放开做空机制不过短短几年，所以一般大众对于做空缺乏经验，而往往存在很多错误，最常见的就是过于看中个股的基本面，在做空操作时依据股票的市盈率来作为准则。比如，市盈率过高，很多人就认为可以进行做空。那么，笔者就想请教，到底多高的市盈率应该作为做空依据呢？是20倍，30倍，还是50倍？关于这一点，绝对没有统一可衡量的标准，每个投资者对于高估的判断也无法统一。比如在美国上市的中概股，当当网在美国上市首日市盈率高达103倍，京东甚至是在利润亏损的情况下赴美上市。我们可以想一想，如果是按照市盈率过高来进行做空，那么当当网和京东在美上市之后，就应该会被直接放空直至退市。所以，市盈率高估并非是做空的正当理由。

做空个股基本面就是觉得某只股票涨幅过高，而要进行做空。这实际上也是一种误读。如同市盈率的概念一样，到底多高的涨幅和股价应该作为做空的依据呢？这仍然是公说公有理，婆说婆有理。比如我们知道，在市场进入第二象限之后，市场之中90%的个股会追随市场进行暴涨，正如笔者一直强调的，唯有那种一致性做多预期的重大题材类个股涨幅最高。可以断定，因为涨幅最高的个股一直受到资金的关照和抬庄，日后资金撤离，下跌的幅度自然最大。比如笔者在第三章第四节介绍过的新股，前期涨幅巨大，后期跌幅同样巨大。这样的个股确实是日后做空非常好的标的品种。再比如，一致性做空预期的个股也是非常好的做空品种。

还是那句话，做空的时机一定要准确把握好，一定要到市场进入第三象限末期，即见顶之后，或者是市场确认进入第四象限之后。认真把握好这两个关键时点，抓住时机再去做空，而不能盲目地随意做空。说到这里，笔者想起来著名的对冲基金管理人约翰·保尔森的一段投资经历。他被誉为看清次贷危机的第一人，因为在次贷危机中巨额做空债券，他以华尔街历史上最高的效率在赚钱，仅 2007 年一年就赚了 37 亿美元。2010 年，约翰·保尔森以 120 亿美元的身价列于福布斯全球富豪榜第 45 位。但是实际上，在 2007 年次贷危机爆发前，他因为过早放空次贷债券造成投资部位巨额亏损而差点破产。百度百科这样描述了他当时的心理状态："2006 年，一个深秋的上午，纽约中央公园，秋叶似火。沿着湖边的小径，约翰·保尔森缓步慢跑，与其他心情轻松的晨练者不同，他看起来眉头紧皱，心事重重。当时的美国房地产市场，正如中央公园这满园的枝叶，红火而繁荣，这使得约翰·保尔森专门做空抵押债券的基金一直在赔钱。更要命的是，关于房地产市场利好的消息铺天盖地，乐观的房地产市场专家和贷款机构不断地鼓吹房价将持续上涨，或是联邦政府将降低利息以维护市场。

但是，约翰·保尔森坚信，冬天一定会到来，到那个时候，再红火的枝叶也会在寒风中凋零。在风景如画的中央公园里慢跑，是一种不错的缓解压力的方式。他紧了紧运动衫的拉链，加快了步子……”

好在他的运气实在太好，最后坚持下来挺过了最难的时候，终于迎来了次贷危机的爆发。不是每个人都有他这么好的运气，所以说明有一点，在投资之中“早十步为烈士”，我们千万不要因为过早做空而错失之后赚大钱的机会。不过从约翰·保尔森身上还能说明一点，虽然笔者不清楚他的投资系统和投资策略，但是可以肯定的是，保尔森判断市场的能力一般，不然也不可能尽早地进行做空。还记得笔者说过的吗？“非龙即虫”。虽然保尔森前期赚了那么多钱，又有什么用，不是高手，赚再多的钱终究还是会死在自己错误的投资经验中，不是每个人都会有那么好的运气，每次都能够起死回生。果不其然，之前被誉为“索罗斯接班人的”保尔森，紧接着成为 2012 年华尔街的最大失败者，2012 年亏损超过 5 亿美元。所以，看准了市场才是赚钱的硬道理。

第三，不要因为每个人都认为股票下跌而去做空。十八大之后，大量知名的国外经济学家开始唱空中国经济，看低 A 股，越来越多的研究报告指出中国经济缺乏后续动力，A 股缺乏上涨的必要条件。令这些经济学家大跌眼镜的是，虽然中国经济步入新常态，增速减慢，但是 A 股在 2014 年下半年迎来了一波大行情，特别是当市场步入第二象限，市场涨幅逐步加快。此时，还有很多国外机构仍在看低中国股市，但是我们必须看到，即使是国际资本也没有听信这些经济学家的话，大量国际资本陆续涌入A股获利。所以，这给我们如何看待某些经济学家以及市场之中其他专业人士的言论，上了非常好的一堂教学经验课。在股市中，有时有些话左耳近右耳出就可以了，不必完全当真。需要当真的是，我们一定要坚持自己的投资判断，不能因为市场之中很多人都在看空，特别是专业人士看空，我们也去盲目看空，跟风看空，要合理利用笔者教授给你的基本分析方法和技术分析方法，做到全面而且深入的判断。

此外，再次提醒你，不要将做空当作一件时髦的事情。这一点要特别提醒年轻人。年轻人有的时候喜欢故意反向为之，以彰显自己特立独行的个性。这完全不必要，因为投资是最自我的事情。笔者多次强调，自己该怎样就怎样，没有什么事情需要透露，也没有什么事情需要与人交流，按照自己的目标好好努力即可。笔者以前听闻万向集团董事长鲁冠球的一句话，非常有道理，应该作为年轻人创业、干事的座右铭，现在转送给你，只有三点，非常简单："定目标，沉住气，悄悄干。"这九个字道尽了一个人做事和做人成功的所有秘诀。特别是最后一句话，悄悄干。现实生活中，大部分人在获得了一点成就后就到处嚷嚷，唯恐有谁不知。笔者说过，高手的特征就是很少吭声，保持冷静，努力甄别投资机会。人们都喜欢那些悄悄干出大事业的人，而厌恶那些空手吹嘘的人。所以，投资不是一件值得炫耀的事情，让我们低调踏实，尽最大的努力，早日成为高手来证明我们的价值。

第二节 做空的新品种

有了第一节的铺垫，我们已经知道在做空的时候，有哪些关键点不可为之，也可将其称为负面清单。那么，既然现在我们已经有了一个非常不错的负面清单，接下来，我们就必须通过自我约束，不带任何情绪地进行自我管控。解决完这个问题时候，下一个要解决的问题就是何时才是我们进行做空操作的最佳时点。笔者多次强调，市场处于第三象限末期和第四象限时应该是我们进行做空操作的最佳时点。那么，如何判断这一时点，如果你还不熟悉，请尽快参照《行情分析进阶》进行学习。

接下来，笔者补充讲解一个知识，即做空的品种问题。在本书第三章第三节，笔者详细地为你阐明过一致性做空预期的个股，这就是我们做空非常好的品种，此处不再赘述。除此之外，需要提醒你的是，笔者在本章第一节也提醒过你，一旦新股进入第三象限末期，下跌幅度也非常巨大。所以，新股同样是做空非常好的标的品种。

在这里，我们同样可以再来回顾 2015 年的新股跌幅情况，见表 6-1。

表 6-1 新股在 2015 年第一次反弹前的跌幅情况

股票代码	新股	见顶时间	见底时间	下跌幅度 (%)
300364	中文在线	2015 年 5 月 22 日，最高价 99.67 元	2015 年 7 月 20 日，跌至最低价 30.04 元	69.86
300467	迅游科技	2015 年 6 月 24 日，最高价 74.17 元	2015 年 7 月 9 日，跌至最低价 41.61 元	43.90

（续）

股票代码	新股	见顶时间	见底时间	下跌幅度（%）
002739	万达院线	2015 年 5 月 13 日，最高价 123.73 元	2015 年 8 月 26 日，跌至最低价 66.30 元	46.42
603678	火炬电子	2015 年 6 月 12 日，最高价 122.80 元	2015 年 8 月 26 日，跌至最低价 52.70 元	57.08
300431	暴风集团（原暴风科技）	2015 年 5 月 21 日，最高价 148.64 元	2015 年 9 月 2 日，跌至最低价 32.28 元	78.28
300422	博世科	2015 年 5 月 28 日，最高价 77.41 元	2015 年 9 月 2 日，跌至最低价 23.44 元	69.72
603318	派思股份	2015 年 6 月 1 日，最高价 33.83 元	2015 年 9 月 2 日，跌至最低价 8.42 元	75.11
300446	乐凯新材	2015 年 6 月 4 日，最高价 100.74 元	2015 年 9 月 2 日，跌至最低价 27.21 元	72.99
002751	易尚展示	2015 年 6 月 12 日，最高价 108.83 元	2015 年 9 月 2 日，跌至最低价 26.44 元	75.71
002747	埃斯顿	2015 年 5 月 28 日，最高价 64.66 元	2015 年 9 月 15 日，跌至最低价 16.22 元	74.91
300451	创业软件	2015 年 6 月 24 日，最高价 89.58 元	2015 年 9 月 15 日，跌至最低价 25.57 元	71.46
603600	永艺股份	2015 年 9 月 8 日，最高价 158.50 元	2015 年 9 月 28 日，跌至最低价 57.43 元	63.77

注：本表所指股价均为复权后。

从表 6-1 中我们可以发现，新股的平均跌幅基本都在 50% 以上，拦腰斩断，注意这还只是在第一次反弹之前见底的跌幅。说到这里，需要说明的是，除了股指期货以外，目前并非所有 A 股股票都能够做空，能够做空的股票需要看你所开户的证券公司的股票池有多少融券股票。目前，对 A 股而言，真正可以实现做空的股票不到 300 只，数量太少。笔者上文分析的新股，从实际上看，目前都不具备做空的条件。但是，笔者为什么还要用这么大篇幅来为你展示呢？

君子不器。作为一个高手，一定要将每一个潜在的投资机会研究透彻。事物永远在变化发展，以前 A 股没有引入做空机制，现在好不容易有了做空的股票，那么笔者也相信，随着日后做空机制的不断完善，会开放更多的股票加入融券行列。我们不能永远慢一拍，那样是赚不到大钱了。要提前把该做的功课做足，谁知道哪天会扩大融券股票池，说不定就有这种暴跌幅度巨大的新股呢！

第三节 做空的资金管理策略

在第五章第三节，笔者详细阐述了做多个股的“进出加减”四个步骤，为你演绎了做多情况下的资金管理策略。接下来，笔者仍然将延续这种结构，按照“进出加减”四步，为你讲述做空的资金管理策略。

第一，做空的入场点。在《行情分析进阶》中，笔者使用基本分析和技术分析的方法，已经为你详细分析过判断市场在第三象限末期（见顶）的重要时点。只要市场一旦进入第三象限末期，即市场见顶之后，笔者认为，你就需要及时关注一致性做空预期的个股。一旦有这种做空重大题材的爆发，就要首先来看该股是不是能够做空，如果可以，第一时间介入。

同样，这个时候可以放心大胆投入大部分本金，全力做空。每只个股投入的资金也仍然不应超过全部本金的 1/2，止损点设在成本的 5%。同时，需要在此处提醒你的是，由于监管层长期以来并没有放开做空机制，所以大众对于做空仍然有一定顾虑，认为监管层一旦认为市场下跌过深，会进行人为干预。但是从 A 股市场这么多年的走势上看，笔者在此处给你吃一个定心丸，市场在见顶之后下跌是市场自身调节的一种必要方式，也是市场的宿命，任何人为的干涉都不会影响到资金获利平仓和恐惧逃离的行为。更何况，笔者也分析过，在市场盘面高企的今天，除非有势力恶意做空而严重威胁到国家金融安全的稳定，不然监管层也不会主动介入。所以，再次强调，一旦市场见顶之后，千万不能错失良机，一定要在第一时间捕捉一致性做空预期的机会，第一时间介入。当然，如果此时市场还没有特别明显的一致性做空预期重大题材股，也不要着急。还是那句话，不见兔子不撒鹰，稳扎稳打。

第二，做空的加仓点。与做多一样，对于做空的加仓点同样没有哪个部位是最佳的，但是遵照以下加仓策略，我们仍然可以做好这件事情。一是控制好加仓成本。比如我们做空中国平安，成本价是 50 元每股，做空的数量是 100 股。之后，中国平安一路下跌，现价是 40 元。这时候加仓，笔者认为是不合适的，主要原因在于现价和成本价过近。比如，按照现价 40 元再加仓 100 股，就造成了每股成本价达到 45 元，离现价过近。一旦中国平安反弹，很容易就会造成成本价过高，风险太大。最后的方法是，要么“让子弹飞一会儿”，等股价再往下跌一段时间，留足安全距离再来加仓；要么就必须降低加仓的头寸数量，比如原先计划加仓 100 股，减少加仓数量，50 股就够了。这样也能起到降低加仓成本的目的。当然，笔者推荐的方法仍然是有多少钱做多大事，不要再次投入过多资金用来加仓。二是具体加仓的方法。仍然使用双屏交易战法，利用个股反弹，在个股日线的阳线上去加仓做空。

第三，做空的减仓点和出场点。对做空而言，减仓和平仓完全可以依据技术图形来进行判断。如图 6-3 所示，笔者利用前期遭遇重大危机的中信证券为例来进行说明。中信证券下跌的走势如同教科书一样完美，中信证券实际上是在 2015 年 4 月 10 日当周达到峰值 37.62 元。2015 年 6 月 12 日当周，市场见顶。2015 年 6 月 19 日当周，中信证券一根大阴线跌破 MA30，至此，中信证券正式进入第四象限。此后，随着股市震荡的爆发，中信证券的一系列问题开始浮出水面，此后中信证券一路暴跌，在 2015 年 9 月 18 日当周到达最低点 12.34 元。实话实说，我们不要老想着去抓底，12.34 元的底部多数人抓不到，即使有人宣称能够抓到大底部，多半也是瞎蒙，因为底部并不如顶部的特征那样明显。所以我们要将注意力转移，捕捉我们能够控制好的减仓点和平仓点。

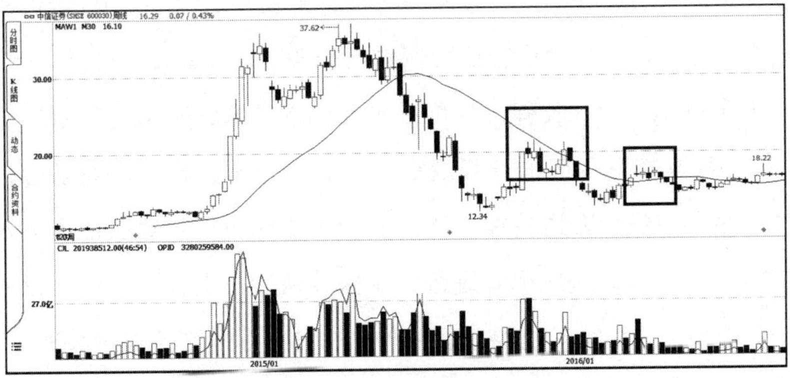

图 6-3 中信证券的减仓点和出场点

我们再来看图 6-3 中标记的两个方框。先从左边的第一个方框说起，K 线接近 MA30 就是不错的减仓点，我们不可能做到百分之百抓住全部利润，若在此处减仓，最佳方案是平掉 50% 的仓位，就至少能够保住基本的利润顺利装进口袋。因为有的个股会直接上穿 MA30 进入第一象限，所以综合各方面情况而言，为了防范风险，笔者才建议最好在此处首先减仓，之后再视个股下一步走势的情况来处理剩余仓位。

当然，如果 K 线进一步下跌，那么我们可能会损失部分做空利润，但是起码这样做起到了保护的作用，笔者认为还是合适的。接下来，如果 K 线经过下跌之后，再次希望突破 MA30，如图 6-3 中第二个方框，那么我们就可以在 K 线突破 MA30 时对剩余 50% 的仓位全部平仓，退出该股。在此处，还是那句话，要像做多第二象限一样，对个股要拿得住、稳得住。除非是第一方框 K 线开始反弹，第四象限中的其他时间一定要捂股，这样才有大利润。

除此之外，还需要特别提醒你，做空新股的持有时间不能过长，不能捂股，我们只吃最肥的一段。见表 6-2，我们仍以最近的一次大行情涌现出来的新股为例进行说明。可以看出，在 2015 年下半年反弹时，其反弹之大出乎了我们的想象，基本上都超过了 50%，甚至部分个股的反弹超过了原有的顶部价格，比如讯游科技、中文在线、万达院线、易尚展示。如果我们前期在市场进入第三象限之后对这些个股进行了做空，从后市上看，这些个股的反弹力度非常之大。这给了我们什么样的启示？一定要速战速决，吃最肥的一段即可，千万不能贪心。

表 6-2 新股反弹情况

股票代码	新股	顶部价格	反弹价格	反弹价格是否超过顶部价格
300467	迅游科技	2015 年 6 月 24 日最高价 74.17 元	2015 年 12 月 4 日最高价 126.95 元	是
300364	中文在线	2015 年 5 月 22 日最高价 99.67 元	2015 年 11 月 26 日最高价 126.70 元	是
002739	万达院线	2015 年 5 月 13 日最高价 123.73 元	2015 年 12 月 21 日最高价 139.20 元	是
603678	火炬电子	2015 年 6 月 12 日最高价 122.80 元	2015 年 11 月 10 日最高价 108.80 元	否
300422	博世科	2015 年 5 月 28 日最高价 77.41 元	2015 年 11 月 12 日最高价 58.46 元	否
300431	暴风集团（原暴风科技）	2015 年 5 月 21 日最高价 148.64 元	2016 年 3 月 29 日最高价 114.98 元	否
300446	乐凯新材	2015 年 6 月 4 日最高价 100.74 元	2015 年 11 月 12 日最高价 72.94 元	否
603318	派思股份	2015 年 6 月 1 日最高价 33.83 元	2015 年 12 月 18 日最高价 21.14 元	否
002751	易尚展示	2015 年 6 月 12 日最高价 108.83 元	2015 年 11 月 26 日最高价 170.73 元	是
300451	创业软件	2015 年 6 月 24 日最高价 89.58 元	2015 年 11 月 12 日最高价 81.92 元	否
002747	埃斯顿	2015 年 5 月 28 日最高价 64.66 元	2015 年 11 月 20 日最高价 43.06 元	否
603600	永艺股份	2015 年 9 月 8 日最高价 158.50 元	2015 年 11 月 24 日最高价 98.36 元	否

注：本表所指股价均为复权后。

|第七章|

有效执行

第一节 严明纪律

从本章开始，我们将学习如何做到有效执行。当我们已经对目前的市场和个股进行了认真分析，确定了“进出加减”四个关键点，何时入场、何时加仓、何时减仓、何时出场，投入多少资金，做好了这四个关键点的资金管理预案，那么接下来就是如何来有效执行你的这些投资策略。实话实说，投资是世界上最自由的职业。无论在何时何地，只要连入互联网，投资就可以马上开始。唯一的问题就是，即使你已经规划了一个非常好的投资策略，但是如果你执行力不行，控制力不强，投资就不会开始，亏损就不会开始，当然盈利也不会发生。投与不投，是否交易执行订单，是否及时果断平仓，完全取决于你的决定。

必须着重提醒的是，一旦下单执行，你就不再简单的是你，你必须遵守严格的纪律约束。在市场之中，无论我们是多么希望赚大钱，即使天天求爷爷告奶奶、烧香拜佛，你也绝对不可能去控制市场和个股的运动方向，市场永远只会按照自己的轨迹行动。在这里强调一点，你千万不能将迷信纳入股票投资，比如做梦也好、祈祷也好，即使你认为自己突然拥有什么“神技”，或者你认为自己一直在走运，请你务必记住一点，一定不要把神仙、运气的成分纳入投资。当然，必须承认的是，有时候赚大钱确实需要一点点运气，但是这种事情总是可遇而不可求的。

投资最讲究实事求是。求人不如求己，所以你唯一能依靠的只有你自己，唯一能控制的也只有你自己，是你控制自己是否下单入市，控制自己执行订单后何时加仓，控制自己加仓后何时减仓，控制自己减仓后何时全部平仓出场。理论上，“进出加减”所涉及的时点和资金方案，应该在入市之前全部规划完成，入市之后按照投资计划严格执行即可。但是在现实之中，一个相当严重的问题就是，知易行难。投资者往往在市场压力面前，将原有的投资计划全部变更。比如，原来你计划在个股第二象限下跌之时进行加仓，降低持仓成本，结果不想第二象限跌幅巨大，虽然你完全知晓“在别人恐惧的时候买入”，但是市场的这种突然变化，或者在媒体舆论面前，你思想动摇了，打破你原有的计划，因为你没有预料到市场回调的幅度会超出你的想象，这种无形之中的压力阻挠你来执行，最后你左思右想，无奈之中错过了加仓机会。但是市场并没有以你的意志为转移，个股回调之后马上重新反弹，一路暴涨，自此再也没有给你这么好的加仓时机。再比如，你原先在第三象限持有5000股的长江电力，盈利已经达到10万元。不过即使是这么高的账面利润，到了最后你仍然以亏损出局。为什么？因为你原先计划市场进入第三象限末期之后就马上平仓，但是你某天上网时突然听说长江电力即将分红，而且金额较大，你有点心动，脑袋一热，马上将平仓的计划改掉了，但是对于新情况下何时平仓，你自己又没有做计划。结果市场暴跌，你原有的盈利头寸也逐渐消失，直至出现亏损。

对于这种压力之下马上调整计划的事情，还有太多太多，笔者在这里不再一一列举。笔者在这里提醒你的是，我们必须高度重视纪律的作用，在快速变化的市场，我们不能因为市场在发生变化，造成种种压力而轻易改变我们前期的投资计划。当然，你可能也会问，那么是不是即使市场已经发生变化，我们还要坚持原有的计划，这样做会不会太机械，缺乏变通？

笔者认为，这是一个非常好的问题。你必须理解，市场永远处于变化之中。唯一不变的内容，笔者在《行情分析进阶》之中就讲过，就是基本分析和技术分析的研究框架，比如研究国际游资的动向、四象限定位分析法等，唯有这种研究框架是不变的。比如我们要从国际游资的动向和角度来分析A股的行情，我们要用四象限定位分析来对市场和个股进行定位判断。这些内容就是我们分析研究行情非常重要的框架，框架是不可能发生变化的。除此之外，所有的投资策略、投资方法、投资品种、投资经验都是这个框架下的内容，这些内容都在不停地变化，包括本书讲授的绝大多数内容也会发生变化。那么你接下来要问，那这还有意义吗？笔者告诉你，有意义。笔者现在教授给你的很多内容，有可能时时刻刻都在发生变化，比如投资品种打新股，未来可能哪一天利润很低，或者监管层最后都取消了打新股；再比如定增、重组类股票，也有可能未来同样利润很低。对于这种情况笔者多次强调过，现在时点上的盲利会随着时间和众人的参与而渐渐消逝。怎么办？笔者现在讲授的这些方法，主要就是为了启迪你，在不变的框架下，沿着这种思路，去开发更多的盲利，去创新更多的内容，你才算是走上了高手的正道。你一旦掌握了这种不变的框架，即使框架之下很多内容都在变化，又有何惧！

讲完了这样一个变与不变的内容，我们再次回到如何应对市场之中种种变化的情况，是否需要不停地改变我们的投资计划才能应对。我们必须首先判断，这种变化是不是已经超出了我们前期所做计划的“度”，也就是市场和个股的变化有没有出现质变。如果没有出现质变，我们要严守纪律，不要随意改变，仍然按照原计划来行事。出现质变怎么办？同样严守纪律，态度坚决地进行止损。没有办法，市场和个股都在变化，还是那句话，你控制不了它们，那么只能控制自己，按照既定规程来操作。比如，我们计划在个股第二象限的下跌过程之中进行加仓，你按照双屏交易战法，在日线上等待个股下跌的机会进行加仓。突然有一天，个股当天暴跌5%，你开始担心个股基本面是否存在什么问题，不然为什么大跌了5%。你开始犹豫徘徊，也想将之前已经投入的1000股平仓离场，好歹还赚了1万元，如果这样继续下跌下去，你怕这1万元的利润都会缩水不少。

上述这个案例很经典，这也是很多人为什么不能发大财的根本原因。当市场或个股一旦出现风吹草动，这种压力传导过来时，自己就吓得半死。针对这种情况，笔者建议，首先你在制订投资计划时，一定要将这种压力事件提前考虑周全，做好预案。当然如果缺乏投资经验，对于很多情况不可能考虑那么周全，这时你应该直接进入下一步，判断这种压力事件是否能够引起个股质变，引发个股更大的跌幅。笔者在本书第三章第三节对一致性做空预期重大题材事件，有过非常详尽的定义，如果这种压力事件不属于这个定义范畴，只是因为个股正常的回调导致下跌，那么你应该放下心来，将此时的下跌当作加仓的良机。最后，认真遵守纪律，按照原先的投资计划，做好加仓工作。那么这种处理方式，就非常好地解决了可能会比较棘手的加仓问题。

在前文中，笔者已经使用了几个案例，初步探讨了在投资执行过程之中变与不变的关系，那么在这部分内容之中，笔者将其总结成完整的投资流程。内容如下。

第一，确定研究框架的这种不变性。使用笔者教授的基本分析和技术分析框架，确定各象限不同的操作策略。首先要把这个问题采用这种不变的分析框架确立下来，为投资下一步可能变化的内容打下基础。比如，市场第二象限才是做多的最好良机，市场第三象限末期和第四象限是做空的最好良机，这些都是不变的分析框架，这种结构化的东西就是定海神针。按照这个逻辑顺序，来应对变化的内容，才能不至于出错。这个不变的东西，就需要用纪律来保证，用纪律来控制，我们不能想做什么就做什么，想投什么就投什么。比如你非要在第二象限做空，但事实上这些都需要我们尊重客观规律，随时随地使用纪律进行约束。同时，如果市场或者个股没有机会，比如市场进入第一象限剧烈波动，此时找不到符合标准的投资机会，我们也要遵守纪律，不能盲动，耐心等待，直到发现机会。

第二，分析存在盲利的投资品种，这些就是投资之中时刻在变化的内容。对于变化的内容我们不要害怕，不要觉得会很复杂，到底投资什么，既怕错失了大牛股，又怕存在大风险。我们要抓住要害，盯住一点，就是认真分析判断实现暴利的环境有没有发生变化。比如，在市场第二象限，市场即将沸腾了，你也准备入市了，现在看中打新股很不错，上一波大行情之中最高涨幅的都是新股，那么这一次大牛市中还能不能再打新股，新股会不会再次一鸣惊人？我们不能空想，仍然要实事求是，做好具体分析。最关键的就是把握监管层对于打新的态度，以及观察政策有没有变化。如果没有，那么仍然是非常好的盲利品种，我们还能运用既有成功的策略，不断重复成功的经验。如果监管层觉得打新股没有技术含量，而且容易造成市场泡沫巨大，继而延长解禁的时间，那么这些条件改变之后，我们就需要谨慎了。再如，2006 年大牛市，当时正处于股权分置改革之中，那些大股东承诺条件越高的上市公司股票，涨幅最大，那么到了 2009 年牛市来临的时候，我们还能不能参与？答案是否定的，因为实际上在 2008 年之前，全部个股的股权分置改革均已完成，那么这部分盲利存在的环境就发生了变化。原有的盲利品种和投资策略不再具备可操作性。诸如此类，笔者在这里就是希望再次提醒你，对于这些变化的情况，我们在决定操作盲利品种时，一定要因时因地全方位考虑。同时还有一句话，要不断创新盲利品种，走别人没有走过的路，才是赚钱之道。

第三，考虑这些要素之后，我们也已经确定了要投资的盲利品种，接下来就是操作执行。“人不能两次踏进同一条河流”。所以市场、个股都在以不同的方式，每天以新面貌、新的走势迎接我们。即使你在上一次成功对同一盲利品种收获不少，但是在这一次新的操作过程之中，你在入场点买入、你在加仓点买入、你在减仓点卖出、你在出场点卖出，碰到的情况也不可能完全一样。这也是投资之中变化的内容之一，是非常正常的情况。正确地进行处理，才能继续赚大钱。同样我们要把握一个关键点，就是这些变化的情况是不是超出了“质”的范围，出现了质变。如果没有，市场和个股都没有发生质的变化，那么一定要努力承受市场变化之中传递给我们的压力，承担住，坚持纪律，按照原有投资计划，做该做的事，舍去不该做的事，一旦发现机会马上扣动扳机，不要犹豫，一犹豫机会转瞬即逝。当然，如果市场确实出现系统性风险，或者个股出现质变，比如你原来选取的一致性做多预期重大题材的个股，突然因为某一事件基本面出现了显著变化，比如财务造假被发现，那么原有的一致性做多预期就会马上消失，甚至走向做空预期。这时候，我们也要依靠纪律来执行止损，马上远离市场。因为你必须知道止损是避免麻烦的最优方式，投资市场不是你逞强的地方，有时躲避恶龙比屠龙更加有利，“留得青山在，不怕没柴烧”。

纪律是保证我们能够实现上述投资流程正常实现的关键，这其实是一个非常现实的问题。因为一般投资者太容易使用盈亏情况来保证结果性导向，而非用纪律来保证过程性导向。人类在上千年的进化过程之中，多数时间是在使用结果作为判断自身能力的依据，所以导致了我们从来都是以结果为目标导向。比如有一道作文题极为经典地说明了大众对于结果的态度：小明上一次考了 100 分，这一次考了 98 分，仅仅因为少考了 2 分，挨了一顿毒打；而小毛上一次考试考了 55 分，这一次多考了 5 分及格了，反而得到了表扬。再次提醒你，这种以结果为目标导向的方法，在投资之中绝不可取。比如你这次投资获利了 10 万元，那么在下一次投资前你暗暗下定决心，一定要超过这一次。结果，下一次投资很多情况都发生了变化，你只赚了 1 万元，你会做何感想？或者，如果你发生了亏损，你怎么去看这个问题？不要小看这个问题，如果长期以盈利为目标结果，那么你就会始终处于强大的心理压力之下，“这山望着那山高”，久而久之，你的注意力就将全部放在空想盈利结果上，而非放在关注市场和个股的环境变化情况，最终所取得的盈利结果也就可想而知，绝对不会理想。

所以，如果你长期将空想的盈利结果作为追求的目标，天天的心理状态必然就是：今天希望赚 1 万元，入市操作了一下，发现市场和个股的走势没有按照自己的想法那样走，那么就降低一下盈利目标吧，明天希望赚 5000 元。到了后天，发现市场怎么上蹿下跳，更困难了，别说赚 5000 元，只求不亏就行。到了月底一总结，啥都没赚到，反而亏了 1 万元。回家再听老婆一说，隔壁的老王不仅这个月没亏，而且赚了 2 万元，你心里更窝火了，肯定是自己的投资策略有问题。于是你“重起炉灶”，另搞一套。之前原本正确的分析框架都会被抛掉，什么不变，什么变化，一气之下，全部抛诸脑后，最后反而在错误的投资道路上越跑越远，直到自己亏损出局，都不清楚自己错在何处。

这就是以盈利结果为目标的典型下场。投资之中变化的东西太多，所以我们才要格外关注不变的东西。不变的，一是投资分析方法、分析框架，对于这一点，笔者已经多次强调。再一个不变的就是流程，流程一定要到位。据笔者了解，一般的投资者很少与高手交谈，更不愿意深谈自己的投资策略。笔者建议，如果有合适的机缘，投资者要多与那些长期盈利的高手充分探讨，说出自己的想法，倾听高手的建议，完善自己的策略。当你了解得越多，你越会发现，那些长期稳定盈利的高手，在每次投资之前从来不会考虑自己希望赚多少钱。比如巴菲特、索罗斯，他们会考虑这次投资非要赚1亿元，不达到这个目标就不罢手？当然没有。巴菲特、索罗斯从来都是把不亏钱、活下去放在第一位。谢霆锋原来有首歌《想得到 得不到》，歌词非常好，“越得不到，越想得到；越想得到，越得不到”。没办法，你越是着眼于结果，越是人生不如意事十之八九。相反，你不以结果为导向，而以流程为导向，你用纪律保证整个流程的完整，务必保证其中每个细节都能做到，特别是该止损一定要止损，最后有可能收获的就是超出你预期的结果。

现在，对于纪律有很多提法，坚持高线守住底线，这对做人做事有很好的帮助。当然，在投资之中不用这么复杂，做好一条就好，就是认真执行。投资流程到了那一步，按照投资计划令行禁止，该做的就一定做好，不该做的就坚决不触碰。不要小看这一条，很多人都做不到。如果做不到，就要时刻锻炼自己。投资是一件非常自我的事情，守不守纪律全靠自觉，不锻炼自己怎么可能做得到！笔者曾经见过一则非常极端的小案例，一个投资者为了训练自己的纪律性和自觉性，就给自己定了一个规矩，连续半年天天吃白米饭。朋友请他吃饭、吃酒席，他都去，也不拒绝，越是这种场合他跑得越勤。他就是要在各种美食的诱惑之下考验自己，守纪律，训练心境。最后的结果笔者不清楚，但是笔者可以肯定，有了这种坚持和信念，守得住，就已经打下了很好的底子，如果投资策略和方法没有错的话，成为高手只是时间问题。

这么说好像有点违背人性的感觉，没办法，谁叫你非要成为高手。高手就要“受戒”，“戒”是什么？就是纪律。所以，如果你熟悉国内的顶尖高手，做A股的、期货的，凡是这种稳定盈利且自己有成熟投资系统的高手，必然生活健康、作息规律。当然，国外的高手也都如此。此外，他们还有一个重要的共同特征，那就是存在敬畏。敬畏什么？敬畏风险。风险靠什么化解，还是必须依靠纪律。

第一，纪律有助于你在市场之中活下来。赚多少钱真的不是你应该关心的问题。你应该随时随地考虑的是以下这个问题，即出现了一段亏损，你能够因为你的纪律而保证你能将损失控制在最小的程度，不伤及元气，能够在股市中活下来。第二，纪律有助于增强你的信心。纪律可以保证整个投资流程的系统化、完整化，保证你在不同的市场和个股环境之中，在变化之中，还能够找到固定不变的流程，帮助你在最短的时间熟悉、镇定下来。比如我们在演讲演的时候就多次碰到过这个问题，如果我们在熟人面前可以口若悬河，为什么换了一个环境、换了一群听众，我们就可能语无伦次。这个时候，如果你能够按照流程将自己的发言逻辑重新固化，那么你在哪里都一样，都可以滔滔不绝。如果没有这个纪律的帮助，你原有的投资流程就是一盘散沙，越是情况复杂，你越会对自己丧失信心，怀疑自己的投资策略，直到把所有的事情搞砸。第三，纪律有助于改变你的性格。“性格决定命运”，有的投资者喜好风险，有的投资者则厌恶风险。人一般过了20岁，就很难改变自己的心态和个性。高手的性格也会成千上万，没有一个相同，但是他们对于风险的处理态度则是惊人的一致。这也是充分发挥了纪律约束的作用。纪律能够帮助有冒险精神的人在危险来临之时提高警惕，克服追求刺激、忽视风险的不利之处；也能够帮助有保守精神的人，在大行情来临之时提高风险忍耐度，克服退缩保守、夸大风险的不利之处。性格迥异的人，最终利用纪律做到了扬长避短。

第二节 积极暗示

笔者刚开始炒股的时候，像大家一样，有三怕：一怕输面子，二怕输钱，三怕输信心。怕输面子，怕别人笑话，自己是学这个的，科班出身投资收益还不如什么都没学过的人；怕输钱，怕再也赚不回来，白白给市场交了学费，打了水漂，还不如吃了、喝了、玩了；怕输信心，觉得自己花费了这么多时间精力，天天起早贪黑，还没有找到正道，不知道这条路何时是个头，何时才能实现稳定收益，内心无比焦躁。

其实，现在静下心来认真思考，这三怕归根结底还是思想观念在作怪，怕无法做到持续盈利，怕丢脸，怕别人笑话：“看吧，就说了你不行，还要弄，你咋不上天！”笔者真正把这个问题想清楚，还是在最困难的时期，笔者无意之中看到了李嘉诚和严介和的话，然后整个人生境界豁然开朗。

李嘉诚说：“最穷不过要饭，不死终会出头。”中国人常说舍得舍得，为什么最后大多数人成不了大事，关键就是只讲求得——求财、求官、求妻，但不愿舍弃。不是让你真的舍财、舍命。那舍什么？是要你舍得吃苦，舍得去闯、去拼。失败了，重新站起来；亏完了，重新再赚。受委屈，哭；有困惑，解；太难过，忍。要打落牙和血吞。在你还没有成为高手之前，大多数时候你要过的就是这样的日子。要想做高手、成大事，就要立志闯出一片天，就要坚持。长路漫漫，眼前的挫折、挑战算得了什么，失败了大不了从头再来！只要活下去就永远有希望、有盼头、有办法，就永远存在成功的可能。对于好男儿来说，就要有这样一个心境，要有这样一种精神，不仅现在要有，未来也要有！

严介和说：“什么是脸面？我们干大事的从来不要脸，脸皮可以撕下来扔到地上，踹几脚，扬长而去，不屑一顾。”他的话虽然偏激了些、尖锐了些，但这才是一个真正干大事的人应有的气度。作为一名投资者，要做到没有什么放不下的，即使亏完了，也要输得起，觉照睡、肉照吃。我们要做一个务实的实践者，拿出干大事不怕丢脸的勇气来，放下包袱，宠辱不惊地应对市场。失败是成功之母，巴菲特、索罗斯刚起步的时候，哪个没有经历过失败？再说，投资失败也不是什么杀人放火、偷鸡摸狗之事，没有什么丢脸、丢人的。亏了钱，自己承担，关别人何事。

解决了这个怕输面子的问题，我们再来看怕输钱的问题。笔者当年初学投资之时，也是迟迟无法实现稳定收益，无法上道。笔者认真反思，本质上就是由于之前的连续亏损，造成了在日后每次的投资都会心存恐惧。很多投资大师曾说过，恐惧亏损是投资者失败的最重要原因。因为恐惧，当市场稍微有波动时，就会风声鹤唳，过早平仓。但是我们可以想一想，所谓恐惧，究竟是你自己臆想出来的危险，还是真正的危险。比如我们小时候都有这样一个感受，不论是自己还是同伴，如果被狗咬了一口，那么日后对所有的狗都会心怀恐惧。实际上，狗只是咬了一口，但是对其本人造成的心理阴影是长期的，以为所有的狗都是会咬人的。正所谓"一朝被蛇咬，十年怕井绳"，就是这个道理。同时，由于大脑已经对被狗咬产生了应激反应，遇到狗时会不断强化这种恐惧感，也丧失了与狗正常接触的机会，从而不能有效判断哪些狗咬人、哪些狗不咬人，阻碍了学习区分的过程。对比而言，投资也是如此。比如一次亏损是由于市场波动造成的下跌，如果不彻底解决恐惧的问题，一旦日后任于何象限出现波动，大脑中的恐惧感都会深深地阻碍我们去区分哪些波动是正常的，哪些波动是真正的危险，阻碍我们做出必要的分析和行动。

所以，如何正确认识亏损，是我们必须从根源解决的问题。你必须了解亏损产生的原因、作用和意义，只有这样，你才能坦然接受亏损，进而才能放松心态。为什么会产生亏损？在笔者所构建的全部投资系统之中，唯独有一种方式会产生亏损，就是笔者在前文提到过多次的“变化”。因为市场和个股会处于无时无刻的变化之中，一旦出现了质的转变，突破了原有投资框架规定的边界，那么这种局面的唯一应对方式就是遵守纪律，及时止损。止损就会产生亏损，但是如果你认清了这种止损出现的原因，你就会发现这种因为止损带来的亏损，实际上并非起到了消极作用，相反这种亏损带来的巨大作用保护了你的大部分资金处于安全可控范围，而不至于遭受损失。所以，就生意的角度而言，我们可以将投资当作一门生意，那么在其中止损的这一笔小小的损失也是明显划算的，相当于你只是亏损了投资这门生意的部分成本，“弃车保帅”，而确保了下一次你这门生意有大多数盈利机会。当然，“弃车保帅”的前提是，要将亏损限制到最小的范围，笔者一直建议的是成本价的5%。也正是因为将亏损限制得很小，才能使得我们接受亏损成为一种可能，在止损时毫不手软、果断行动。你可以设想，如果你将止损点设置到20%以上，一旦启动止损，别说是你本人了，恐怕连最顶尖的高手也会犹豫不决，最后甚至错失最佳的止损良机，静看损失进一步放大。

如果把亏损仅仅当作生意的细微成本，你是不是就可以降伏其心，把恐惧的程度降到最低？当然，你不能期望完全消除恐惧，恐惧是人性的必然。笔者有十几年的投资经验，每当开始新一轮入场时，仍然会恐惧，但是恐惧不同于恐慌，恐慌是因为你没有把每个流程梳理好、控制好，而恐惧是人的天性，赶不走。笔者曾经请教过20世纪90年代就进入A股的最早的一批投资者，部分人至今仍在市场酣战。笔者问过他们，在市场快 30 年了，如今开仓进场还怕不怕，他们说还是怕，还是会恐惧。可见，恐惧感并不会随着时间和经验的增长而逐渐消失。虽然我们不可能完全赶走恐惧，但是如果我们换一种认知方式，比如将亏损看待成是一次正常的蚀本。这样也可以将你的恐惧降到最低，降到你能控制的程度。

我们还可以从人类进化的角度，从另一个侧面来看待恐惧。美国加利福尼亚大学心理学家理查德·科斯认为，恐惧是人类进化的结果。人们最常见的恐惧对象是什么呢？答案是：蛇、野兽、老鼠、高处和水。它们有什么共同点呢？没错，它们对人都意味着危险。设想一下，如果让你做人类进化的设计师，你要做的就是尽力保证众人能在随处可见猛兽毒蛇的原始环境中生存下来，而这个原始环境中唯一的生存法则就是弱肉强食，你会怎么做？你会让远古人类的大脑运行怎样的程序呢？没错，让他们学会恐惧。这是他们唯一的生存秘籍。学会恐惧是人类适应环境的必然结果，因为恐惧可以保护人类。并且，人类对野兽的恐惧不仅延续到今天，而且甚至可以说，人类的进化就是被这种恐惧逼出来的。所以，将这个视角带入投资之中，你会发现，其实恐惧对投资者的帮助也非常大，具有极大的正面意义。恐惧使得投资者不自主地随时提高警惕，有助于我们及时发现投资变化之中对头寸的潜在威胁，从而避免遭受真正的风险。

以上就是笔者建议的如何看待恐惧和控制恐惧的第一种心理

暗示方法，除此之外，还有另外一种积极暗示的方法，也能够帮助我们有效控制恐惧，就是不断重复模拟投资流程，强迫潜意识不断重复熟悉重要场景，同时提高投资之中的思维判断能力。这就是心理学上所讲的想象锻炼。最早的时候，想象锻炼经常被用于提高职业运动员的比赛成绩，比如想象自己在锻炼，也能达到实地健身的效果。之后，研究人员又进一步发现，除了可以锻炼身体，它对思维能力的提高也有非常大的帮助。比如，研究人员对两组“健康个体”进行了实验，在其中一组实验者的手腕上绑上测量仪，并要求他们每天静坐 11 分钟，每周五天，连续四周。实验者要利用这段时间“进行肌肉收缩的心理意象”，即想象锻炼。另一组实验者则不给予任何想象锻炼。实验结果表明，人的身心比我们原本所知的更为交错复杂。经过四周之后，接受过“想象锻炼”的人比没有接受的人强壮两倍。此外，那些受过想象锻炼的人头脑更为强健，因为这样的训练可以增强神经肌肉的通路。

笔者曾经在高中时代广泛应用过这种想象锻炼法，目的就在于降低对高考的恐惧，直到笔者本人能够随心所欲地控制这种恐惧，把这种恐惧程度降到较低。现在回想起来，笔者认为对于高考的恐惧还是要大大超过对投资之中开仓的恐惧的，因为毕竟是“一考定终生”，而即使投资之中最后止损也无非只是损失了一点金钱，不会损失大好前程。所以，笔者在整个高三的全部考试之中无时无刻不在想象自己在高考之中，模拟高考的过程。这个过程不是简单地模拟考试题目，因为毕竟模拟考试题目不等于高考，试题肯定是在变化的，没办法想象出来。笔者模拟的是一整套高考考试流程，这是不变的：笔者进入考场，落座，填写姓名等答题卡信息，从头到尾翻阅一遍试卷，规划答题顺序，开始答题，想象中间可能会存在什么问题（风险）、有什么干扰，然后检查试卷，为了最后估分要把答案填写在橡皮擦上，最后交卷。因为高考只有一次，所以笔者珍惜每一次模拟考试的机会，但是模拟考试的次数也太少。实操演练的机会太少，笔者只能通过想象去构架这样一套考试场景，去重复模拟考试流程。为了帮助潜意识在第一时间快速适应环境，帮助自己放松答题，因为并不清楚高考那天笔者到底在哪个考场，笔者甚至去看过学校里每一间教室的每一排座位，去亲身感受考场的实际环境。当时，很多同学都说笔者疯了，笔者当然是没有疯，这极大地帮助笔者克服了考试的恐惧，同时提高了笔者的思维能力。就在这么紧张的环境下，笔者还帮助了一个坐在前排的同学，把这套想象训练方法教给了他。最后，他从原来只能上二本的水平，考上了一本，而且是 985 学校。笔者在高三从来没有上过晚自习，每天晚上准时 10 点上床睡觉，最后也顺利考取了一直非常向往的 211 大学投资专业。最关键的是，在高考那天，笔者只有一丝恐惧或紧张，但是这种恐惧感笔者自己完全能够控制住，正好靠着这丝紧张在考试之中集中注意力。其他的就是无限的兴奋，自己在脑海之中模拟了无数次的考试终于到来，种种场景太熟悉了，高考原来不过如此。就这样，心态好了，自己也会考好。

为什么笔者用了这么一大段来写高考？一个道理，我们再回归到投资之中，也是一样的道理。笔者在前文多次提到过投资之中基本分析和技术分析的研究框架不变、投资系统的框架不变。这些框架类的东西是不会变化的。我们可以靠着这些框架类的东西、流程化的东西，在你开仓入市前就在脑海中不断去构想，什么时候该入市、什么时候该加仓、什么时候该减仓、什么时候该平仓离场、什么时候该止损。这些投资流程都不会变化，你应该像念经一样，每天没事的时候就在脑子里重复这一系列流程。然后，再把各种变化的投资场景、投资策略、投资品种放进这些框架之中，再来不断重复想象。一天又一天，你天天重复、天天想象，加上待在市场中的时间长了，所见所闻不断增加，到最后，见多识广也就有经验了。经验最大的作用是帮助你丰富场景和素材。如果你这次平仓赚钱了，有了成功的经验，很好，但是赶紧将它忘掉吧。你要想象的不是你的再次成功，不要去想这个结果，要想你成功的过程，想这样一套投资流程，想你成功的投资策略和成功的背景，然后还是靠想象去不断进行总结经验。如果你下次平仓止损了，这样也很好，有了失败的经验，同样不要去想你亏了多少钱，而应该不断反思你的投资流程有什么问题、品种有什么问题、策略有什么问题、市场环境有什么问题，不断重复去想你如何改进，不断演练下次你再碰到同样的问题你会怎么办，有哪些处置措施。就这样，依靠想象来不断熟悉各种投资场景、止损原因，包括暴涨的、暴跌的，想想你在这些场景中如何做好。这样，当你下次再碰到类似的问题时，潜意识里你已经对这些情况非常熟悉，因为你的脑海里已经想象了无数次如何去应对，你能够轻松地处理好。当然，即使最后的局面是止损发生亏损，但因为你已经通过多次重复想象，有了这样的心理准备，也不再会过多地受到不良情绪的影响，能够在第一时间摆脱情绪的控制，接受错误，继续前行。有了这样一个心态的铺垫，最重要的是，我们可以理性看待止损，可以心平气和地从止损中去发现问题，学习改进。这才是我们需要积极暗示最重要的目的。

除了这两种心理上的方法之外，最后还要说一句就是，投资者需要加强身体锻炼。这也是保持心理平和、心理愉悦的一种很好的方法。很多投资者喜欢伏案工作，坐在电脑前面一待就是一整天，时时盯盘不得闲。这样的工作强度使投资者无时无刻不处于极度紧张之中，既不利于放松心态，更不利于投资者健康长寿。为什么要健康长寿，我们提到过，要想体会复利的神奇威力，健康长寿也是高手必须追求的。世界上的人无不如此，巴菲特、芒格、索罗斯等，哪个人不想活到 120 岁！为了复利，你还不得好好锻炼！

第三节 控制自大

可能你会说，原来第七章整章都是在讲心理问题。没错，有效执行的源头就是我们能够正确控制自己，控制自己才能有效执行。执行来自大脑的控制，大脑又受制于我们的心理状态。在上一节，我们已经知道，恐惧是人类进化的一种附带品。正如一枚硬币总是拥有两面，我们必须知道，除了恐惧这种造成人类内心自卑失衡的心理外，还有一种叫作自大的心理产物，也会造成人类内心失衡。自大的危害如同恐惧，同样不可小觑。

自大心理的具体表现为极度的狂妄自信，对自己能力的过分自信和无限夸大，以至于极大地超出了自己的能力范围，最后往导致的结果往往是自欺欺人。对投资者而言，这种情况不在少数。很多投资者赚了一笔钱，就开始沾沾自喜、洋洋得意，对自己的投资系统、投资策略、投资能力充满了无限的信心，内心开始塑造一种完美的自我形象，并时刻陶醉在这种极度的美好之中。这样做的结果，从极端的情况上看，一是非常顽固地固守自己的投资系统和投资策略，即使下一次失败，也会坚持下去，一条道走到黑。很多人可能不承认这一点，说自己没有、绝不可能，但是事实证明，这是很多投资者身上的通病。

比如笔者的一位朋友小赵身上就曾经发生过这样的事情。小赵刚投资美股时，通过做空美股期权赚了不少钱。期权的一个重要特征就是暴涨暴跌，一个晚上上下波动 30% 是常事。当时，波音和空客正为抢夺中国市场订单而进行互黑，他看空波音，长期波段做空，获利不小。刚开始做空波音时，小赵发现一个现象，每次做空之后，当天波音都会以上涨收盘，也就是小赵的账面当天会出现浮亏，但是第二天，波音开盘后就会马上下跌，小赵账面的浮亏就会马上转成浮盈。这样发生三次之后，小赵（每次都能赚 1 万美元）就误以为这是一种规律。现在看来，这哪里是一种规律，这完全是下跌波段中的正常现象，但是以小赵当时的水平完全看不出来，也搞不清楚。反正就是赚钱了，小赵开始有点晕了，以为自己就是"股神"，发现了自己的盲利。既然小赵将其当作了一种规律，那么这种操作手法在他当时看来就具备重复操作的可行性。成功不就是重复已经成功的经验吗？但是，这样成功操作七八次以后，小赵就发现不灵了。为什么？现在从盘后看，波音已经转向了上涨波段，小赵再次做空，不管用的是什么规律当然就不灵了。但是，小赵当年就是这么一个认死理的人，内心自大到了无穷，什么人劝都不听，觉得这些人都不懂，自己才是股神，而且自己以前那么成功，随随便便就赚了几万美元，这次也一定能够成功。就是这么不见黄河心不死，也不懂得灵活变通，不改变策略，还要继续做空，妄想继续追求所谓的荣光。市场已经发生了变化，但是小赵当年就是这么与市场对抗。期权这么大的杠杆，没过多长时间，小赵前期赚的几万美元就瞬间消失了，还亏了一大笔钱。

这就是自大的第一种情况，对自己极度自信，认死理，丧失了应有的灵活性。不知道你是不是也有同感。这种执着就是所谓的"我执"。什么叫作"我执"？就是妄生执着，处处以我为中心，自我心理极强，结果在人生道路中行不通，执的是那个"我"，深深陷入自我，便产生了种种烦恼。可见，"我执"的危害有多深。

现在，很多过来人都说应该对市场抱有敬畏之心，要谦虚低调。这是非常有道理的。你把你的姿态放低、心态放低，看待问题、做起事来自然就不会陷入自我，应对各种问题就可以跳出自我，就会更加灵活一些。市场永远是客观存在的，不论市场如何运行，市场永远是正确的。相对应地，如果你犯了错误，那你无法怪市场。有了这种认识，你再看待市场时，你就会对市场的瞬息万变和错综复杂产生一定的心理准备和警惕。如果错了，那就只能自己认错，你只能怪自己。这样做的好处就是，你不会狂妄自大，不会凌驾于市场之上，更能破除“我执”。

自大的第二种情况显著表现为追求完美。完美主义倾向不只是某一类人的特点，在众多投资者之中也非常普遍。他们对自己的投资要求就是“精准”二字。他们要求能够做到精准地抄到底部、精准地卖出顶部，甚至要求每一笔操作都必须实现收益，绝对不要止损。在这种“完美”的要求下，很多投资者就会到处寻找投资的“圣杯”，不停更换投资系统和投资策略，因为没有哪一种方法可以满足他们的这一要求。同时，投资者还有可能在“完美”的要求下，希望控制一切事情，追求一切完美细节，总觉得自己做得不够好，苛求自我，甚至他人。

以笔者的另一位朋友小马为例。小马刚入市的时候，什么指标、方法都学过。每次学习新的方法、策略后就信心十足，但是使用的时候，总是希望能够精准测量股价跌到的具体位置和涨到的具体位置，方向错了也不会及时止损。特别是小马希望一入市，所有的事情就如他前期所想。你可以想象，哪有这种方法可以做到如此完美。其结果也可想而知，操作一次套牢一次，一招不慎，满盘皆输。同时，由于当时受到完美主义的控制，小马就幻想着把市场所有的投资产品都能为己所用，赚大钱。其实当时小马连股票都还没有完全学好，就想着学习大宗商品、外汇交易。有一段时间，小马一直在关注股票市场，没有留意到当时的大豆期货市场，错失了大豆的最佳介入时机，基本是在行情快结束的时候才匆忙入场，盈利不多。最后他看到媒体对那一波行情的完整介绍，对自己非常生气，深深地责怪自己当时为什么错失了这么大的一波行情，没有从行情启动时就进入。小马当时天天暴跳如雷，悔恨不已。其实，恰好当时小马参与不深，不然在没有成熟投资策略的情况下，投入一大笔钱就只能再次打了水漂。因为小马当时忽视了市场各种要素在不断变化，希望做到控制一切事情，百分百精准操作，可谓比登天还难。

正如笔者分析过的，市场永远是正确的，所以这个完美的对象只有市场一个主体，我们只能去适应市场，调整我们的投资策略等方面，市场和投资者不可能双方都完美。相对而言，投资者不可能是完美的，因为只有市场是完美的。从哲学的角度来讲，也是如此。如果出现市场和投资者双方都是完美无缺的主体，双方就绝对不可能出现契合的可能。一旦无法出现契合的地方，投资者就会根本无法介入市场。所以，既然市场这方是完美的，那么投资者这方必然会有残缺。残缺正是投资的最大魅力，高手为什么被称为高手，关键就在于他们能够认识到自身的残缺，认识到市场之中变与不变的地方，然后利用这种不变的已知条件去适应和推断变的这部分内容，做出最大可能性的判断。如果判断失败怎么办？很简单，承认并修正错误，马上止损。所以，不完美才是投资的本质。你只有接纳了你身为投资者的不完美，再完善你的投资系统，制定你的投资策略，才能知进退、知变通，才能在很多你可能无法预知也无法把握的突发情况出现之前做好心理准备。这样，即使市场出现急剧变化，也才不会慌乱、不会恐惧，能够在第一时间及时撤退，保住大部分本金活下去。非要追求教科书式的机械战法，采取集中对集中、堡垒对堡垒、阵地对阵地的正规战，最后就算失败，也要“完美”地拼完全部力量才肯罢休。这多么不明智！

自大的第三种情况，就是有一颗始终希望证明自己非凡无比的野心。野心实际上是一种悖论，当你没有野心时，你会缺乏达到目标的动机。比如笔者一再强调的，作为投资者你必须尽早进化为高手，其实就是在野心推动下的一种目标，我们必须依靠野心去推动自己不断进步成长。笔者将这种野心归为一种良性的心态，是我们成为高手所必需的推动力。但是笔者希望告诫你的是，推动自身成长的野心不需要证明给任何人看，更不需要去炫耀。很多投资者成长到一定阶段，赚了一笔钱，就开始炫耀，向大众示威，希望向大众证明自己有多厉害。也就是说，所有成功的动力不是源于渴望自身进步而通过个人奋斗取得成绩的这种健康心态，而是基于想向某个目标人群故意示威，非要去证明自己，让其他人来臣服的心态。不是为了自己的成功进步，而是为了别人的仰慕，这种心态极不可取。当然，笔者理解，如果是年轻的投资者想要证明自己的能耐，可能是他成长必需的过程，但是也要尽早从这种心态中抽身。

任由这种心态发展下去，只有一个结局，就是被自大的心理挑衅出局。你要知道，投资是一个伴随着金钱和智慧的游戏，容易出现斗狠斗气现象。如果你熟悉“327国债期货事件”，你就该知道这场资本市场的重案看起来是基本面之争，实则是意气之争。我们可以进行简要回顾。327国债是指1992年发行的三年期92（3）国债，1995年6月到期兑换。我们需要知道，1992年，我国面临着比较高的通胀压力，银行储蓄存款利率不断调高。国家为了保证国债的顺利发行，对已经发行的国债实行保值补贴。这个保值补贴率就成为关键之所在，它由国家财政部根据通胀情况每月公布。因此，市场对通胀率及保值贴补率的不同预期，成了327国债期货品种的主要多空分歧。起先，这种多空分歧实际上并不显著，波动率并非太大。随着几位大鳄的深入介入，特别是相互“带话”引起误解，矛盾进一步加深，逐渐演变成了多空两大阵营——以上海万国证券为首的机构作空，而以中经开为首的机构做多。这场风波完全抛弃了基本面的问题而演变成了不断使用大额资金进行“武斗”，证明谁是孬种、谁是好汉的惊险对决。

1995年2月23日，上午一开盘，多空双方来回拉锯，中经开用80万口将前一天148.21元的收盘价一举上攻到148.50元，接着在上午收盘前一举上推至150元。下午开盘，一直在327国债品种上与万国证券联手做空的辽国发实在扛不住持续上涨，突然倒戈，改做多头。327国债在1分钟内竟上涨了2元，10分钟后共上涨了3.77元。327国债每上涨1元，万国证券就要赔进十几个亿。按照它的持仓量和现行价位，一旦到期交割，就必须拿出60亿元资金。毫无疑问，万国证券没有这个能力，只能利用规则设计及系统漏洞，铤而走险。收市前8分钟，在16时22分13秒，万国证券突然发难，先以50万口卖单把价位从151.30元打到150元，最终在尾市卖出730万口的巨大卖单，把价位打到147.50元。若以收盘时的价格来计算，这一天做多的机构，包括中经发、辽国发这样做多的机构都将血本无归。但是，当天晚上，事情发生了惊天逆转，上交所宣布，当日收盘前8分钟内的所有空单无效，当天收盘价定为151.30元。那么接下来，这几方当事人的下场如何呢？万国证券总经理管金生在1997年被判处有期徒刑17年，2003年保外就医。中经开总经理姜继增也于2003年被送上法庭，主操盘人魏东在2008年自杀身亡。

今天回顾这段历史，我们必须谨记在心。虽然你现在可能还没有在资本市场斗狠的实力，但是如果有一天你真的成为高手，却还不能克服性格之中的缺陷，越往上走，你控制的资金实力越大，你就越容易放大自己性格中争强好胜的缺陷，日后就越会加速你的灭亡。这不是危言耸听，笔者既然将高手之路告诉你，就一定要把前方这个血淋淋的可能告诉你。总之，笔者的建议就是，在这个市场中，你无须证明你有多大能耐，也不用把你的成功给他人看，闷声发大财才是真理。

在700多万年前，人类如同白纸一般，缺乏各方面的能力，对外界的感知更是极度匮乏。在与大自然持续较量和斗争的过程之中，人类通过一点一点探索，一点一点改进，才得以一代一代传承，最终生存下来。现在，我们已经知道了投资者可能会有的各种心理状态。那么你也应该知道，对比远古时候的人类，今人又有许多许多心理问题，继而会对我们的执行产生各种干扰。当然，如果你寄希望于当下就能马上改变，今天就能够重焕新生，“昨日种种，譬如昨日死；今日种种，譬如今日生”，笔者希望你能明白，弥补这些缺陷绝非一两天的功夫，需要长期不懈的毅力。既然要成为高手，你就必须面对这些情况，不断努力改正，塑造高手的心态。什么叫作高手的心态？笔者为你铺垫了这么多，再次总结起来，无非就是一句话：面对市场时克服普通人的心态，克服自身的性格缺陷。美国社会心理学家马斯洛曾说，“心态若改变，态度跟着改变；态度改变，习惯跟着改变；习惯若改变，性格跟着改变；性格若改变，人生就跟着改变。有什么样的心态，就有什么样的人生”。这句话放在投资中，也同样适用。高手的心态，就会有高手的人生！此言不虚，请你认真体会。

|第八章|

全面总结

第一节 交易记录

在前面几章，我们已经共同学习了投资系统的行情分析、资金管理和有效执行，本章将继续介绍投资系统的最后一个环节——全面总结。为什么需要总结？毛主席曾经说过，他靠总结经验吃饭。徐焰在《军事家毛泽东》一书中写道：“毛泽东之伟大，正在于他能比别人长于总结经验教训，一发现问题马上更改并总结经验，在后来的革命斗争及战争指导中越来越高明，能够比别人更好地驾驭革命战争的特殊规律，并根据这些规律越来越得心应手地指导革命斗争。”投资如同没有硝烟的战争。笔者多次强调，投资是一件实践性的事情，既然是实践，就难免会犯错，但是考虑到复利的作用，我们又必须将这种犯错的概率降到最低。这就需要我们不断反思，不断总结，找到产生错误的原因，才可以杜绝同样错误的再次发生，同时警示自己力争少犯错误或不犯大的错误，然后再使用纪律得以保障执行。

做好投资总结对于你成为高手至关重要。如果你能始终如一地做好每笔交易的记录，认真进行总结，并且不时回顾这些记录，将每笔交易的成功或者失败的经验和规律正确地运用到下一次交易之中，那么你会发现，你将这一好习惯坚持得时间越长，投资结果就会越好，离高手也会越近。让我们来看一下巴菲特的这一好习惯。在只有 16 平方米的办公室里，巴菲特有一组存放 50 余年投资记录的文件柜。文件柜里，按照年份整齐地摆放着每一笔交易记录和相关资料。巴菲特每次都会定期查阅，从类似品种的交易记录中寻找投资灵感，最重要的是从中再次感悟各种经验教训，避免自己再次犯下相同错误。笔者十余年的投资体会也是如此，要成为高手，做好投资总结，认真进行总结远比研究任何投资策略、投资品种等要重要得多。因为，投资策略、投资品种等因素都只是你总结中的一部分，而非交易全貌。唯有总结才能记录交易全貌，并且可以透过这种全貌去发现你交易过程之中的漏洞，继而改进弥补。当然，也有可能会出现这样一种情况，即受限于你目前的投资能力和交易水平，你还不能通过总结发现其中隐藏的很多规律，也没有办法去有效应对你目前投资过程中的很多漏洞和问题，但是不要紧，就像笔者多次说到的，成为高手总有一个过程，一步一步才能以致千里。只要你坚持完整记录，坚持系统总结，不管你的总结如何，一旦你日后领悟了正确的投资策略、投资方法，那么这些原有的交易记录和总结情况将是帮助你再次提高一个水平的宝藏。因为，唯有你的交易，才是你的交易。你在别人的投资中永远只能看到投资结果，投资结果的好与坏，只能带给你嫉妒和轻视两种心态的起伏。唯有自己的交易，你才能从中不断地体悟成长。所以，可以这样说，做好总结是你日后交易水平由量变引起质变的催化剂。

既然我们已经知道总结的重要性，接下来就来看如何写好投资总结。如果是我们平时的工作总结，那么基本是对一个时期的工作分门别类加以总结。但是投资总结不是这样，它是对每一笔交易进行一次总结，对每一笔交易进行分析和研究，肯定成绩，找出问题，得出经验教训，摸索其中的规律。总结的间隔不宜过长，最好是在每笔交易之后立即着手总结。这样才能保证最真实的交易情况被完整保留下来，也方便我们日后查阅时得以了解当时交易情况的全貌。你还必须清楚，投资总结不像你的其他工作总结，需要交给上级、平级相互评议，投资总结就是为你所用。所以你不必过于书面，重要在于直白、简单、完整，将全部的交易过程清晰地记录下来。此外，投资总结所要解决和回答的中心问题不是你做得有多好，最后获得了多少收益、赢得了多少赞誉，这些完全没意义，不要在乎结果，结果是水到渠成的事情。我们要着重关注的是，对每笔交易实施过程的总鉴定和总结论。通过它，我们可以使原本零星的、肤浅的、表面的感性认识上升到全面的、系统的、本质的理性认识上来，寻找出每笔交易的规律，从而掌握并运用这些规律，不断提高我们的投资水平。这样才达到了我们写好投资总结的目的。

投资总结主要包括几个部分？前文中，笔者说过，做好总结主要是起到记录和提高的作用，所以投资总结主要就是两个部分：一是交易记录，二是交易总结。可以负责任地说，做好了这两件事，你就已经走在了成为高手的道路之上。首先我们来看投资总结的第一部分，交易记录。交易记录的目的就是保留你的所有交易信息。这个可以使用 Excel 表格或者 Word 来创建。笔者建议，每一笔交易应该单独建立一个文件，并在记录完成之后，打印出来集中收纳。比较常见的交易信息有以下几种。

交易编号。可以根据日期的先后，对每笔交易进行编号排序。建议你在交易编号之后，写上巴菲特非常有名“打孔机”原则：“我可以给你一张只有 20 个打孔位的卡片，你可以打 20 个孔，代表着你在这一生中所有可以做的投资，从而最终增加你的财富总值。但是一旦打完了卡上所有的孔，你就不能再做任何投资了”。当你每次给你的交易编上号码，希望通过这句话提醒你，一定要认真进行机会甄别，认真地考虑你的每一次投资。千万不要被动交易、冲动交易、报复交易，“三思而后行”，相信这样一来你自然会不断提高胜算的概率。

市场定位。这个定位过程非常重要，笔者多次强调，在我们进行具体交易前，一定要通过基本分析方法和技术分析方法对市场首先进行有效定位，不同的市场定位决定了你操作个股不同的策略，这一点非常非常重要。因为前文已经在多处进行了详述，此处不再赘述。

个股选择（交易品种）。为什么选择某一只个股进行操作，是因为一致性做多预期，还是一致性做空预期，还是因为定增、重组，抑或其他原因。对于选择个股的原因，一定要写清写明。

交易策略和交易方向。这就是你依据不同的市场定位，还有个股的具体情况，对个股的操作时间、投入本金、做多还是做空等所要考虑的交易方法，以及相应的风险预案。

入场信号。结合之前的市场定位、交易品种和交易策略，此时应该可以完整地勾勒出整个交易计划。那么这个交易计划，接下来就要考虑入场信号的问题。入场信号主要包括两部分：一是K线状态，二是投入本金。

同时，必须提醒你的是，在入市操作之前，对于上述五点内容一定要提前记录，必须事先规划好。而且应该反复考量，直到下定决心。下定决心之后，就不可以再翻来覆去、犹豫不决，应该全力以赴，认真跟踪交易信号。比如我们做多个股，一旦交易信号出现，就必须立即买入。

入场价格和数量。等到入场操作后，再将入场价格和相应的买入数量及时填写在交易记录里。

加仓信号。如同入场信号一样，在正式加仓之前也必须提前规划，做好准备，静等加仓的信号出现。

加仓价格和数量。等到加仓操作后，再来把加仓价格和数量及时填写在交易记录里。

减仓信号。同样，个股走势到了什么地步必须减仓，必须规划好减仓的几个标准，为日后减仓做好准备，静等减仓的信号出现。

减仓价格和数量。等到减仓操作后，要及时填写这一情况。

出场信号。等到市场或者个股走势岌岌可危，已经到了必须平仓离场的时候，必须将出场信号的几个标准确定好，静等出场的信号出现。

出场价格和数量。等到全部头寸平仓出场了，同样需要及时填写这一情况。

损益情况。按照投资流程，这一系列操作结束之后，到底是赚是亏，每个交易软件都会显示出最终结果，及时将损益情况填写到交易记录之中。

这就是整个交易记录必须填写的十三项基本事项，涉及整个投资系统下投资流程的全部。不知道你发现没有，从这十三项来看，交易记录实际上是一个动态的过程。有的内容必须在操作之前填写，如交易策略、入场信号等，强调的是计划和等待。而有的内容必须在操作结束之后第一时间补充，比如入场、加仓价格和数量等，强调的是完整和真实。当然，因为只是基本事项，涵盖的也只是一般情况，如果你有什么个性化的事项需要填写，也可以随时补充进去。还是那句话，交易记录是供你自己使用，又不涉及外人，只要不影响阅读，随便怎么填写和补充都行。

第二节 交易总结

在学习交易记录之后，我们再来学习如何做好交易总结。交易总结说起来简单，写起来难。难在什么地方，关键是你可能对交易总结存在误解。一般人对于总结，总是希望能够像工作总结一样拔高，拔高，再拔高。其实完全不必。虽然我们的终极目标是为了总结每笔交易之中的经验规律，但是如果你还只是处于起步阶段，或者说对于交易的认识还无法上升到规律上，那么撰写交易总结的第一步就是，把你交易的感受完整清晰地表达出来。比如，你在制定投资策略时有多犹豫，在你下单时有多恐惧，在市场剧烈震荡下你有多无助，在你收获收益时有多惊喜。把这些感受都可以写下来。正如笔者在第七章“有效执行”中强调的，人的很多正常心理状态，比如犹豫、恐惧、自大等，都是我们作为人进化而来的正常心理，这一点我们必须承认。但是这些正常的心理状态，却又是我们作为投资者必须克服的“天敌”。最好的对治方式是什么？笔者体会，将你在交易之中最真实的心理状态全盘记录下来。可能刚开始，你会记录下各种各样的状态，你会发现原来内心在投资中会有这么大的波澜起伏，心里始终难以平静。那么坚持下来，坚持每次交易中每次都努力去克服其中一项，日积月累，坚持记录自己的改进，一点一点帮助自己树立信心。越往后走，随着你投资经验的不断丰富，你会发现自己的交易心理状态会越来越平和，你会越来越自律，直到你最终不再主动记录交易感受。因为你此时已经能够胸藏千军万马，但心如止水，宁静而无涟漪。这样就起到了通过记录交易感受，降伏其心的目的。

撰写交易总结的第二步就是总结交易中出现的错误，提炼规律，避免下次再犯，并且在不断地总结提炼中，提高自身的交易水平。笔者多次强调，投资是一件实践性的事情。那么你总结得越多，你的经验就会不断丰富，那么当你再次重复翻阅往昔的交易总结，实际上不是注意你赚了多少，或者是亏了多少，而是可以实现通过重温交易额外获得多次教育，帮助你在脑海里不断进行“想象锻炼”的有益过程。这会帮助你将注意力始终放在投资流程之中，放在事实上，而将各种心理状态起伏放在一边。这样，其结果必然是你对投资的体悟也会越来越精准，离“道”的内涵也会越来越近，这就是笔者的切身感受。同时，笔者还有一点非常强烈的感受，就是在每次大战来临之前，都会翻阅自己的交易总结，特别是关于自己犯错的地方。因为有了非常详尽的错误说明，前因后果一目了然，所以笔者总是能够避免出现第二次错误，不在同一个地方跌倒两次。说到这里，笔者想到了以前在高中时就养成了一个好的学习方法，用错题集来规避错误。这个方法很多人用过，当时对笔者的帮助特别大，尤其是用来备战高考，真可谓“四两拨千斤”。我们的交易总结有一部分的功能就与错题集类似，一本好的错题集就是自己知识漏洞的题典，而一篇好的交易总结就是自己投资经验的有益补充。在你的高手成长之路上，不断地避免投资中的错误，小心回避一个又一个陷阱，试想，这样你还不能成为高手吗？

交易记录和交易总结构成了投资总结的全部。所以，坚持记录投资总结，并从总结之中学习如何改进，这是你成为投资高手的重要保证。当然，不得不说，撰写投资总结会占用你很多的时间，但是这样你才会更加脚踏实地经营你的投资。作为一个投资者，你必须保证每天都安排一定的时间复盘、撰写投资总结和复习投资总结。那么花费的时间取决于你从事这些事情的娴熟程度和热情。热情高的投资者可能休息时间都用在这上面，不可否认，投入的精力和时间越多，你的成长也会越快。你不能因为要应酬，要陪女朋友出去玩，等等，就人为地压缩这些功课，或者是随便做一下。如果你对投资实在没有热情，既不想动脑筋，又不想花时间去做这些功课，特别是又不认真去做好，那么笔者还是建议你趁早放弃，免得成不了高手反而损失了一大笔钱。就如笔者在《行情分析进阶》之中推荐过的《异类》一书所言，“人们眼中的天才之所以卓越非凡，并非天资超人一等，而是付出了持续不断的努力。只要经过一万小时的锤炼，任何人都能从平凡变成超凡”。当然，这也不是说你花费一万小时就一定能够成为投资高手，但是如果你不勤奋，不刻苦钻研，那么你连成为高手的机会都没有。

|后　记|

兼论高手之“道”

亲爱的读者朋友，本书的正文到这里已完结，不得不与你说再见了。在本书中，我们共同学习了成为高手的种种方法、策略和经验。可能你会想，是不是理解掌握了这些方法论和其中的规律，就可以成为不世出的高手呢？笔者深深地预感到你可能会有这种错误的认识，所以在本书最后，笔者还要更加深入地探讨对于高手的全面认识。

正如笔者多次强调的，投资是一件实践性而非认知性的事情。凡是实践性的事情，不同于认知性的事情，即使你已经认为自己了解了、掌握了，也远远不够，这些都还只是知识或技巧，或者是可以称为“术”的东西，要上升到“道”的层面，还有很长的一段路。

我们先来欣赏《列子·说符》中的一则小故事——“关尹子教射”。

列子学射，中矣。请于关尹子。尹子曰：“子知子之所以中者乎？”对曰：“弗知也。”关尹子曰：“未可”。退而习之。三年，又以报关尹子。尹子曰：“子知子之所以中者乎？”列子曰：“知之矣。”关尹子曰：“可矣，守而勿失也。非独射也，为国与身皆如之。故圣人不察存亡，而察其所以然。”

这段故事翻译成白话文为：

列子跟随关尹子学习射箭，有一次，列子射中了靶心，去跟关尹子报告："老师，我已经射中了靶心，我学得差不多了吧。"关尹子说："你知道你能射中靶心的原因吗？"列子老实回答说："不知道。"关尹子说："如果不知道，就不能算是学会了。"于是，列子返回去继续练习。过了三年，列子又来向关尹子报告："老师，我已经射中靶心了。"关尹子又问："你现在知道你能射中靶心的原因吗？"列子说："我已经知道了。"关尹子说："现在可以了。掌握能够射中的规律，严格要求自己，就能每发必中。不但是射箭，治理国家以及自我修身，都要像这个样子。所以圣人不太关心结果，而注重了解其中的规律和整个过程。"

故事多么精彩，令人回味无穷。故事告诉我们，学习也好、实践也好，不仅要知其然，更要知其所以然。知其所以然，才能把事情办好。这样的学习和实践才是最有效的，不然你永远都只在不知其根底的情况下，只是掌握了一些皮毛而没有领悟其中的规律。笔者由此想问，领悟了规律又能怎样，就能算是由"术"上升为"道"吗？你现在已经掌握了本书教授的全部规律，也都勇于实践，多次尝试了，知道其所以然了，这样就能算作真正的高手吗？

答案仍然是否定的。我们已经知道我们需要不断地重复实践，不断知其所以然，最后也顺利归纳出了规律，但即使如此，也远远不能上升到"道"的层面。如果这个道理你暂时还不能理解，没关系，让我们再来看《庄子·田子方》中的一则小故事——"伯昏教射"。其中蕴含的"道"之根本，值得我们细细品读。

列御寇为伯昏无人射，引之盈贯，措杯水其肘上，发之，适矢复沓，方矢复寓。当是时，犹象人也。伯昏无人曰：“是射之射，非不射之射也。尝与汝登高山，履危石，临百仞之渊，若能射乎?”于是无人遂登高山，履危石，临百仞之渊，背逡巡，足二分垂在外，揖御寇而进之。御寇伏地，汗流至踵。伯昏无人曰：“夫至人者，上窥青天，下潜黄泉，挥斥八极，神气不变。今汝怵然有恂目之志，尔于中也殆矣夫。”

这段故事翻译成白话文为：

列御寇为伯昏无人（人名）表演箭术。只见列御寇拉满弓弦，在肘间放一杯水，然后放弦发射，一箭接一箭，连中靶心，而放在肘间的杯子纹丝不动，一滴水都没有洒出去。列御寇神态自若，姿势稳健，好像人偶一般。然而伯昏无人观看了全过程，却对他说：“你这是为射而射，还没达到忘我而射的境界。如果去到那高山之上，脚踩险石，临百丈深渊，你还能从容射箭吗?”。于是，伯昏无人登上山顶，踩着极危险的岩石，转身背对深渊，徐徐后退，直到半个脚掌悬空。然后，伯昏无人请列御寇来到他的位置上射箭。列御寇顿时吓得不敢动弹，伏在地下，直冒冷汗。伯昏无人见他这样，笑道：“有着精深箭术的人，上观青天，下测黄泉，极目远眺，神态自若。而你瞻前顾后，胆战心惊，自然很难射中目标了。”

我们将两则故事对比起来阅读。(第二个故事里的主人公列御寇，即为第一个故事里的列子。列子名御寇，所以实际上这两篇故事，一篇取自《列子·说符》，另一篇取自《庄子·田子方》，但里面的主人公都是同一个人——列子。) 这两个故事里分别谈到了关尹子与伯昏无人两位老师对列子射艺的指点，但点悟的方法和角度都不一样。关尹子是启发列子自己去探索射箭之中的规律，要知其所以然，目标是百发百中。而伯昏无人看到了列子在技术上已有一定造诣，但是心性没有完全打开，缺乏应对变化的准备，必须经过更进一步的磨炼，启发他必须去掉这种对规律的执着来应对各种变化的情况，才能达到“道”这种更高的层次和境界。

笔者多次强调要知行合一，在实践中不断创新投资策略，不断完善投资系统，不断丰富实战经验。在《行情分析进阶》中，笔者一再提醒你，投资是脑与脑的对抗，是需要不断总结提炼和创新盲利的事情，很多很好的投资机会会随着众人的参与而不断消逝。创新投资策略、完善投资系统、丰富实践经验是我们不断进行知行合一的重要手段，也唯有这样，你才具备赚大钱的基础。如果你总是拿过去成功的投资策略、投资系统、实践经验去应对当前，就好比在原地射箭，你以为自己已经掌握了其中的规律，随时能够做到百发百中，但实际上当原有的环境出现新变化，当你熟悉的原有情形已经消失时，你还能射中吗？

我们必须知道，市场永远在变化之中，而“知变化之道者，其知神之所为乎”。

希望在本书的帮助之下，你能够尽早实现投资梦想，识破各种误区，安然渡过历次股市震荡，丰足顺心、平安快乐过完一生。

祝你早日成为高手！

王韬

2016 年 12 月 1 日于北京慈寿寺